すべての人が輝くみんなのスポーツを

オリンピック・パラリンピックの壁を越えて

芝田徳造
正木健雄
久保　健
加藤　徹
編

クリエイツかもがわ
CREATES KAMOGAWA

すべての人が輝くスポーツ実現への「提言」

1　障がいのあるなしにかかわらず、すべての国民がスポーツを楽しめるようにしましょう。

2　パラリンピック・オリンピックの壁を取り払い一体となった組織・運営、可能な限りの共同競技開催を追求しましょう。

3　すべての障がい者のスポーツ保障のための施設設備の充実、バリアフリーの実現　指導者・ボランティアの育成・支援、啓発活動を推進しましょう。

4　障がいのある人ない人が、ともに楽しめるスポーツを追求し、創造し、発展させましょう。

5　すべての人が楽しめるスポーツの新たな考え方をともに深め、みんなで高めていきましょう。

みなさんの共通の願いとして、これらの実現をすすめたいと思います

発刊にあたって——本書刊行の意義と内容

欧米からは遅れの見られた日本の障がいのある人々のスポーツが、本格的に始動するのは1964年の「東京パラリンピック」からとされています。そして、それ以後の半世紀間にかなり前進しました。例えば、スポーツ大会も「全国障害者スポーツ大会（13競技）」・「ジャパンパラリンピック（6競技）」、「全国ろうあ者体育大会（夏季・冬季）」等が毎年開催され、スポーツ施設も十分とは言えないながら100か所を超え、都道府県・政令指定都市のほぼすべてに障害者スポーツ協会が存在し、50を超える競技団体が活動しています。また、毎回のパラリンピックには100人を超える選手を派遣し、メダル獲得数も中国・韓国に次いでアジアでは第3位となっています。

このように多くの人々の努力により一定の前進は見られるものの、問題も少なくありません。これは国際的にもそうですが、現在の状況はどちらかと言えば「競技」に偏りすぎの面が強く（メダル至上主義）、重度・高齢の障がいのある大多数の人々を置き去りにしていることです。ある識者によれば「重度の障がい者は寿命が短く、その大きな原因にからだを動かさない（動かせない）ことがある」とのことです。すなわち、障がいの重い人にこそスポーツ（身体運動）が、「たった一度の人生をより健康で豊かに生きる」ために必要なのです。また、50歳以上の人が90％近い身体障がい者にも同様のことがいえます。本書では、これに応えるための努力を続けている人々の報告もあります。

私たちは2020年の東京パラリンピックを迎えるにあたり、人類が創り出した素晴らしい財産であるスポーツが、障がいの重い人々を含めた「すべての人の生きる力」に近づくことを願っています。また、1981年の「国際障害者年」前後から、障がいのある人々を始めとする「社会的に弱い立場の人々」と「健康な一般市民」が力を合わせて「共に生きる運動（ノーマライゼーション）」が、全世界ですすめられています。2回目となる東京パラリンピックでは、これがスポーツの面でも実現されること、すなわちオリンピックとパラリンピックとの壁が可能な限り取り除かれることを願っています。本書はこのような願いを込めて出版されるものです。

以下は本書の内容と発行の意義の概要です。

第1章は、地域で大いに元気でがんばっている無名の障がい者の紹介です。ここに登場する人は、みなさん「主人公としてスポーツを楽しんでいることを誇りに思っている」人たちです。同時に、障がいのない人たちと共に楽しみたいと、強く願っているのです。少人数の紹介ですが、生きいきと活躍できるための貴重な財産を蓄積されています。すべての人たちへ、そして全国に広げるという本書の目的達成の重要な章です。

第2章では、本書の意義を十二分に語っていただきました。編者の熱い想いをぜひご理解の上、障がい者スポーツの発展の未来を共に歩んでいくことを呼びかけます。

第3章は、今日の障がい者スポーツの到達点を示しています。ここに登場していただいた団体、身体運動・スポーツ競技は、その努力が歴史的にも重要な役割を担っているものです。また、今後の発展が大いに期待されます。さらなる飛躍をするためにも、みなさんのご理解、ご支援をお願いしたく紹介しています。

第4章は、本書のテーマである「すべての人が輝く　みんなのスポーツ」をめざす新たなスポーツ創造への理論的提案です。「共に楽しむ」をキーワードに、さらなる深化・発展をめざしたいと思います。みなさんのご批判、ご検討を期待しています。

２０１５年1月

芝田徳造・加藤徹

すべての人が輝く　みんなのスポーツを
オリンピック・パラリンピックの壁を越えて〈もくじ〉

すべての人が輝くスポーツ実現への「提言」……3
発刊にあたって——本書の意義と内容……4

第1章　輝け・拡がれ、障がい者スポーツ

1　女子車椅子バスケットボール
チーム「GRACE」の若きホープ…小田島理恵さん……12
2　みんなのダンスフィールド〈Inclusive field for dance〉
障がいのある人、ない人が一緒にできる魅力…千葉遥さん……18
3　「ローリングバレー」を、ぜひどうぞ——これぞ〈バリアフリー球技〉
東京「ベアーズ」チーム…吉弘美智子さん……22
4　社交ダンス「ソシアルダンス・クリスタル」
障がいが重くても気軽に、生涯、楽しめるのが素晴らしい…杉山征太郎さん……26
5　電動車椅子サッカー
1「横浜クラッカーズ」の若き副キャプテン…永岡真理さん……30
2「レインボー・ソルジャー」選手・監督…小川健さん……34

6 室内テニス「ハンディースポーツクラブ」
仕事もテニスも青春まっただ中…玉川まさみさん……38
代表からのメッセージ…矢内信夫さん……40
7 グラウンド・ゴルフ「月曜クラブ」
自然でのんびり、やさしく気軽さが魅力…代表・横井安雄さん……42
8 スポーツ吹き矢同好会
深い深呼吸をともなって、健康に絶対貢献!…代表・山崎道男さん……46
9 ハンドサッカー
光明特別支援学校ハンドサッカーOBチーム「光明スワローズ」
出会いは、支援学校高等部での体育の楽しさから…和田旺さん……50
取材を終えて…出会いの感動を伝え、広げたい。この想いよ飛べ……54

第2章〈鼎談〉スポーツをすべての人の生きる力に

芝田徳造（立命館大学名誉教授）／正木健雄（日本体育大学名誉教授）／久保　健（日本体育大学教授）
◎司会／加藤　徹（全国障害児体育研究連絡協議会・前会長）

1 障がいのある人の体育・スポーツは、すべての人の体育・スポーツの原点……58

2 オリンピック・パラリンピックのバリアを超えて……60
3 みんなができるスポーツを……63
(1)スポーツの魅力・本質
(2)スポーツで「かしこいからだとたくましい頭を」
4 障がい者スポーツの発展を……67
5 今後を展望して……68

第3章 障がい者スポーツの今、課題、未来

1 笑顔・驚き・感動…障がい者シンクロナイズスイミング
日本障害者シンクロナイズスイミング協会 森田美千代……72
2 無限の可能性・魅力をさらに発展させよう…車椅子バスケットボール
日本車いすバスケット連盟 髙橋 明……82
3 ボッチャ～その魅力と未来～
日本ボッチャ協会 奥田邦晴……91
4 誰もが輝くことができるスポーツ、ハンドボールサッカーの魅力と今後の展望
日本ハンドサッカー協会 田中顕一……104
5 地を這うような42年間の取り組み
京都障害者スポーツ振興会 芝田徳造……109
6 卓球バレーの普及活動について
日本卓球バレー連盟 堀川裕二……113

7　最重度の障がい児者にも活用可能なハロウィック水泳法（Halliwick）
日本ハロウィック水泳法協会　芝田徳造……119

第4章　真に「すべての人の」と言えるスポーツ・体育を求めて
久保　健

1　スポーツの展開と現在……138
2　障がい者スポーツの展開……139
3　障がい者の競技スポーツにおける試み……142
4　障がい者スポーツから「スポーツのとらえ方」を考える……147
5　真に「すべての人が輝く」スポーツ・体育を求めて……153

あとがき……159

装丁／佐藤　匠

第1章　輝け・拡がれ、障がい者スポーツ

車椅子バスケットボール

ここに登場していただいている一人ひとりは、スポーツと人生の輝きを発信しています。本書のテーマでもある「すべての人が輝く、みんなのスポーツ」の主人公としてのみなさんです。

スポーツをする権利を誰もが平等に行使できる社会の実現の一歩にしたい。国連の障害者権利条約が強調している「他の者との平等を基礎に」の具体化です。

全国各地で活躍している障がい者のみなさんへ、元気と勇気をお届けします。すべての市民・国民のみなさんへ、ともに、希望のある明るい未来をめざしていくために。

1

女子車椅子バスケットボールチーム「GRACE」の若きホープ

小田島理恵さん

車椅子バスケットボールとの出会い

私は昔から身体を動かすことが好きで、高校の部活では少林寺拳法部に所属し、全国大会で入賞したこともありました。この部活動を通して、心身ともに鍛えられたと自負しておりましたが、専門学校へ入学後にさまざまな環境の変化でうつ病を患い、それに重ねてケガをして足に障がいが残りました。

私はリハビリを兼ねたトレーニングをしようと思い、多摩障害者スポーツセンター（以下、タマスポ）に行き、車椅子バスケットボールの体験教室に参加しました。そこでは小さな子どもから年輩の方、障がいの重い人から健常者まで幅広く交流しており、ちょっとしたルールを独自につくることで、そこにいる全員がゲームに参加できていました。

このような工夫で誰でも楽しむことができるのが、障がい者スポーツの魅力だと思います。ここに参加したことで「私はなんて視野が狭かったのだろう」「自ら楽しみを見失っていたな」と気づくことができました。

この体験教室がきっかけとなり、私は一気に車椅子バスケの虜《とりこ》になりました。そこで同じタマスポで練習をしているチームがあることを教えてもらい、いま所属しているＧＲＡＣＥに入りました。そして今改めて、スポーツをすることがいかに人を元気にさせるかということを実感しています。

障がいをもっている・いないにかかわらず、その人が夢中になって時間を忘れるほど楽しめること、たくさん仲間ができること、それらは生きる中でとても大切なことだと思います。

スポーツは万能のすばらしいコミュニケーションツール

スポーツは年齢や国籍、障がいの有無を問わず、気軽にその場を共有・共感できるすばらしいコミュニケーションツールだと思います。私はいま勤めている会社のバスケサークルにも参加していますが、普通では壁ができてしまいがちな環境でも、スポーツを介することで同じ時間を過ごし、いつの間にか壁を取り払ってくれています。

また、私はタマスポへ通うことで、さまざまな人たちと出会いました。そして幸せなことに、いろいろな方に車椅子バスケをしていることを応援していただいています。

私がケガをせずに障がいをもたないでいたら、きっと毎日こんなにも刺激のある生活を送れていなかったと思います。障がいをもっていても社会へ出ることで似た境遇の人と相談できたり、うまく生活をする術を知っている先輩からアドバイスももらえます。だからこそ障がいをもったということで、限られた人としか付き合わなかったり、社会へ出ることに消極的になったりして、生活の幅を自分で狭めてしまうことは、本当にもったいないことだと思います。

ぜひ積極的に外へ出て交流し、たくさんある楽しみの中から自分に合うものを見つけ出してほしいと思います。近い将来、障がいの有無にかかわらず交流できる場所が身近にあり、誰もが自分らしく生きられる社会になることを願っています。

2020年パラリンピック出場めざして

私はケガをしたことがきっかけで、とても多くの観衆と応援の中で明るい未来が見つけられました。それは2020年の東京パラリンピックに選手として出場し、各国の強豪選手と同等に競い合うことです。たくさんの人に心配や迷惑をかけたからこそ、感謝の気持ちを胸に日々の練習を積み重ね、このパラリンピックに必要な選手として出場するという目標は、何としてでも達成したいんです。

私は身体のことも精神のことも、聞かれればオープンに話しています。嫌われることを恐れて今までの自分を隠して、あたりさわりのない関係を築くよりも、ありのままの自分を出して受け入れてくれる人たちを大事にしたいと思っているからです。

誰にでも生きているだけで未来はある

良いことも悪いことも、すべての経験に無駄なものはないです。私はたとえその場では悪い経験だったとしても、それを悪い経験のままで終わらせるか、それとも何かのエネルギーに変えて良い経験にするかは、すべて自分次第だと思っています。ぜひこれを読んでいただいている方にも、さまざまな状況の中で良い経験をたくさんして、自分が楽しんで生きる術《すべ》を見つけ出してほしいと思います。また、一人でも多くの人に生きているだけで未来があるということを心から信じて、自分の道を信じて突き進んでほしいのです。

私はバスケはもちろん、人としてもまだまだ未熟者です。もっと一人の人間として胸を張って生きられるように、また車椅子バスケットというスポーツを通して、これらの思いが伝えられるように、一歩一歩確実に自分の道を進んでいきたいと思います。

取材者感動メモ

障がい者スポーツの魅力と真髄があることを教えられた

スピード感あふれ、鋭い回転と手に吸いつくようなボールさばき！　まず、そのすごさに見る者が圧倒される。しっかりとしたストレッチから始まり、ダッシュ練習、片手キャッチ、チェストパス２００

回・遠投……汗まみれの中でのエクササイズで、強靭さとたくましさへのチャレンジ魂がほとばしっている。「基礎練習をしっかりやらないと競技で実力を発揮できない」と言い切ってやりきる姿があった。

そのチームの一人、小田島さんは人生における危機を越えてきたからこそ、まっすぐ突っ走るような青春と、その語りに心から拍手。目標に向かって生き、輝く姿は多くの感動を与えてくれるでしょう。さらに「スポーツは素晴らしいコミュニケーションツール」だとの実体験にもとづく主張は、重要な示唆に富み、胸に迫ってくる。そこに障がい者スポーツの魅力と真髄があることを教えられた。２０２０年のパラリンピック出場の夢を必ず実現できるよう、多くのご支援を心からお願いする。

練習後は、さわやかな達成感がチームにあふれていた。思いっきり汗をかき、青春をぶつけたいあなた、応援したいあなた、ぜひ、スポーツの場に足を運んでいただきたい。

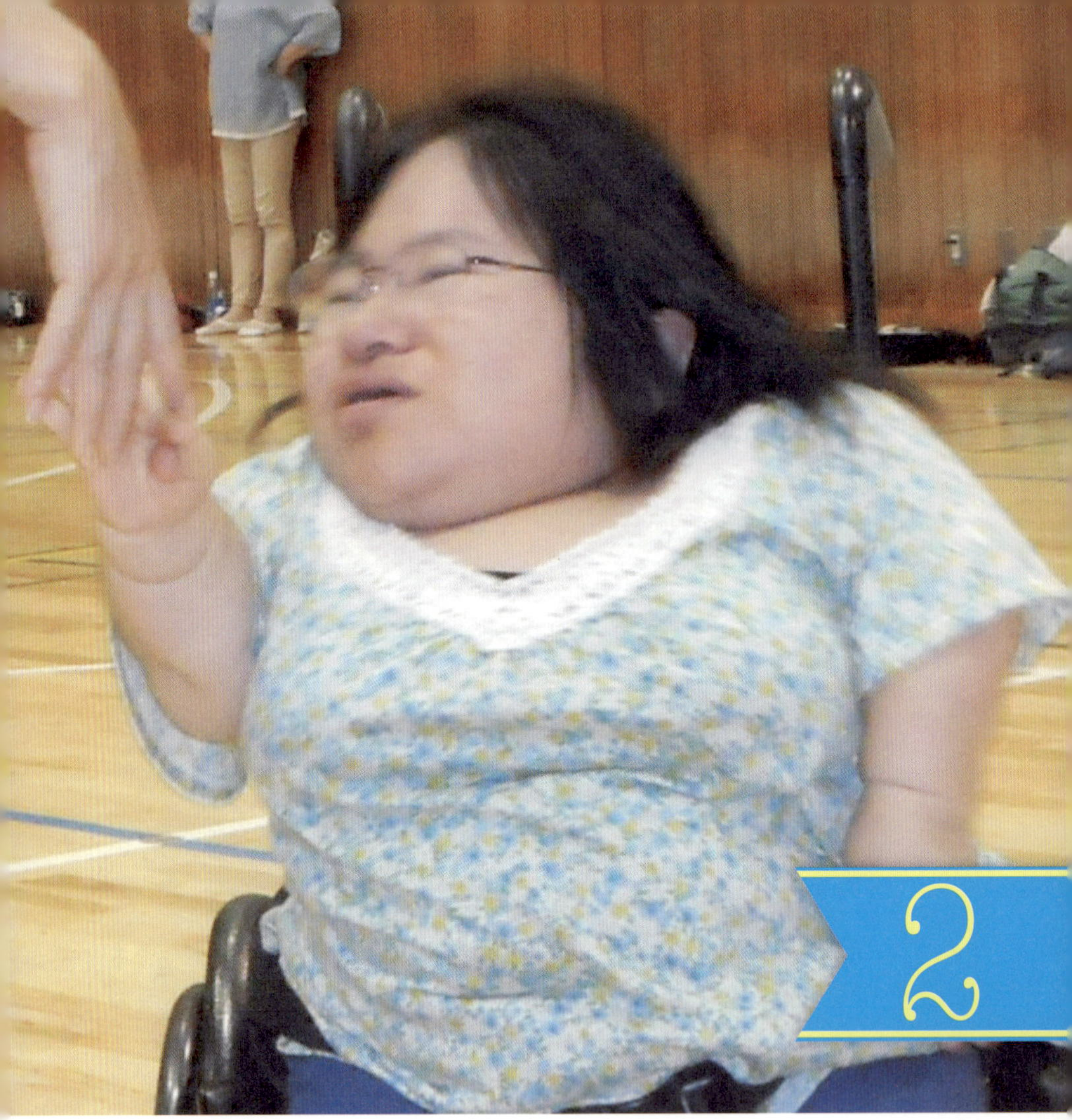

2

みんなのダンスフィールド
〈Inclusive field for dance〉
……障がいのある人、ない人が一緒にできる魅力

千葉　遥《はるか》さん

やる人がハッピー、見る人もハッピー、みんなで自由にダンスを楽しもう

事前に取材の許可をいただき、２０１４年5月4日、東京都新宿にある戸山サンライズ体育館に初めて見学に訪れました。「やる人がハッピー、見る人もハッピー、みんなで自由にダンスを楽しもう」というあふれんばかりの雰囲気に私も誘われるままに、いつの間にか輪に入っていました。

自由な4つのグループになって、その時は、たまたま月、火、水、木の中のプログラムで、曜日を1つのテーマとして即興で表現しようというものでした。ほんの短い大まかなストーリーを決め、後はみんなで感じながら2、3分の即興でした。40人ぐらいのメンバー、大まかな内訳は、車椅子の人が数名（小・中学生から大人まで）、幼児2、3名、大学生7、8名、大人（子どもたちの親も含め）約20名です。

指導の西洋子先生（東洋英和女学院大学）が代表を兼ねていて１９９８年がスタート。東京を中心にさまざまなワークショップを、そして、最近では東日本大震災の石巻などへも支援に行っています。この日もそれぞれのチームごとの発表の練習が中心でした。

多くの人に見てもらえる機会は生きがい

小学2年の時に病院に貼ってあったポスターを見て知り、もう15年近くやっています。自分の想いを表現できることがすばらしい、やって本当によかったと思う。

作業所で陶器や花づくりなどで働きながら、ここまで通うのが大変だけど、障がいのある人、ない人が一緒にできることが魅力なんです。何を伝えたいか、どう表現するのかはとてもむずかしいと思います。だから何を感じて、どういう動きなら伝えられるか、一生懸命考えて表現していきたい。

この間、卒業した養護学校（今の特別支援学校）でダンスの紹介をしました。多くの人に見てもらえる機会は生きがいです。これからも「感動」を届け、「また見たい」と思ってもらえるように、がんばりたい。

取材者感動メモ

共感・感動を呼ぶ「みんなで一緒に、やっていこう」

このダンスチームこそ、障がいのない人、ある人が一緒にできることを実証していると強烈に感じた。インクルーシブダンスというテーマを共に実践している指導者の西先生たちの想いをみんなで受けとめ、それを身をもって実践しておられる。

多くの人にアピールしているみなさんを見ていると、本書の主張がこうした地道な人たちによって、その裾野が大きく広げられると確信できる。

「みんなで一緒に、やっていこう」これはスポーツに限らず、人類の明るい未来を希望する多くの共感・感動を呼ぶものにつながっていくのだろう。

この輪が大きく広がっていくことを期待せずにはいられない。

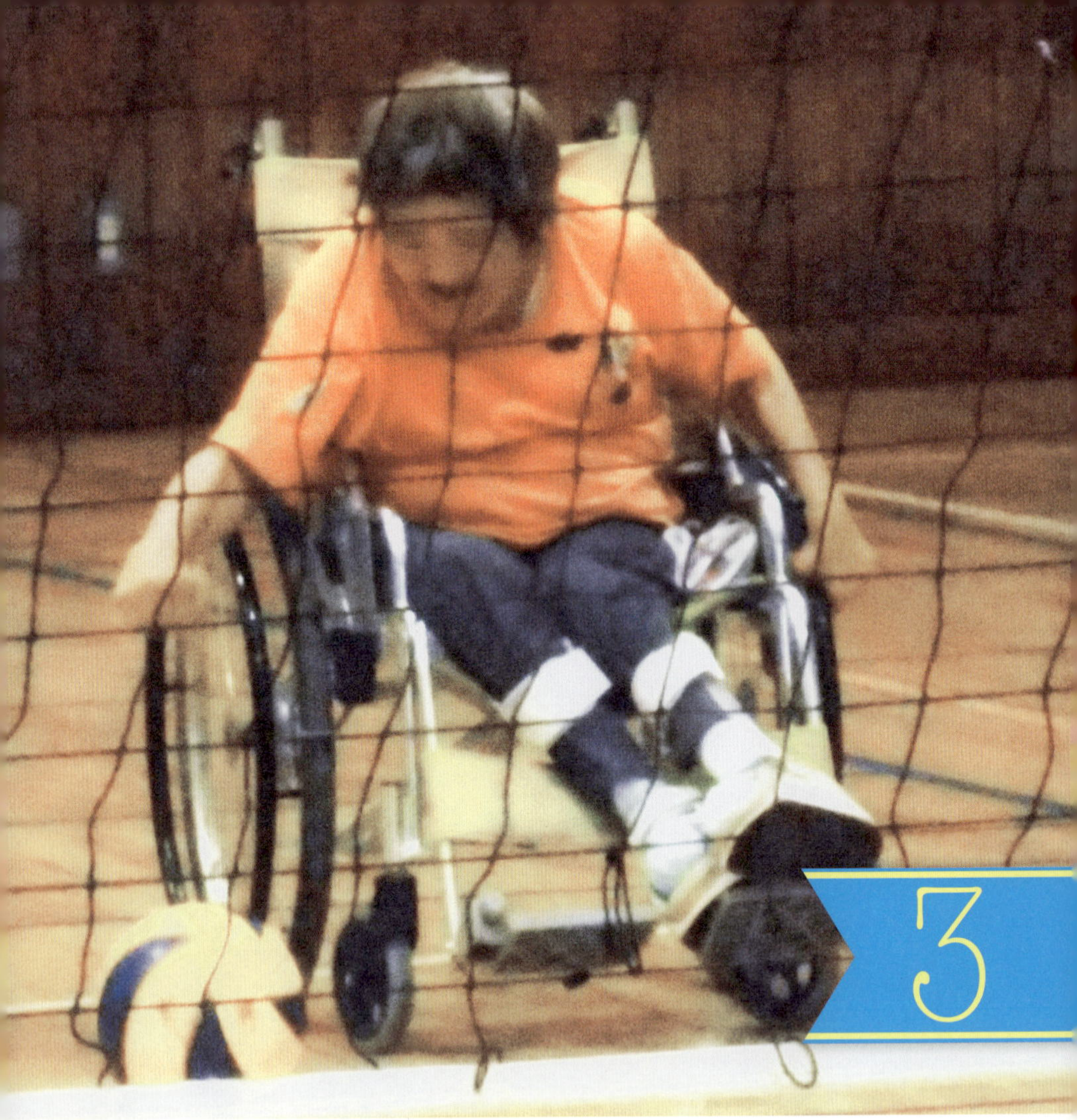

「ローリングバレー」を、ぜひどうぞ
――これぞ〈バリアフリー球技〉

東京「ベアーズ」 吉弘美智子さん

ニューミックス・スポーツの1つとして

１９７７年、兵庫の養護学校体育教員が発案して、全国的に広がったスポーツが「ローリングバレー」です。

最大の特徴は健常者も障がい者も一緒に楽しめる球技です。名称はボールを転がす競技というところからつけられました。全国大会は毎年、発祥の地＝兵庫ですでに２０１４年で17回を数えています。

ここでは東京「ベアーズ」のチームを紹介します。

チームはメンバーが14〜15名、文字どおり障がい・男女を超えた構成です。ともに生き、楽しめる仲間に囲まれ、生きる力を育まれている印象を強く感じさせます。

チーム一番のベテラン・吉弘美智子さんへのインタビューから

チームになくてはならない頼れる方です。車椅子での移動や足の不自由さは、一見してかなりのハンディと思われます。しかし、ローリングバレーは、吉弘さん自身も包容できるスポーツなのです。そこに、この良さが実証されているような方でした。

ローリングバレーを簡単に紹介

（詳しくはインターネットで検索してください）

・ボールをネットの下を転がして、3打で相手のコートに返す。
・1チーム6人制。その内、健常者は2名まで。
・前衛（フロントゾーン）は、3人とも座ってプレーする。
・後衛（バックゾーン）は、立った状態で思いっきりアタックしたり、前衛のカバーをします。
・車椅子に乗っている人も参加できる。
・3セットマッチ、1セット15点。

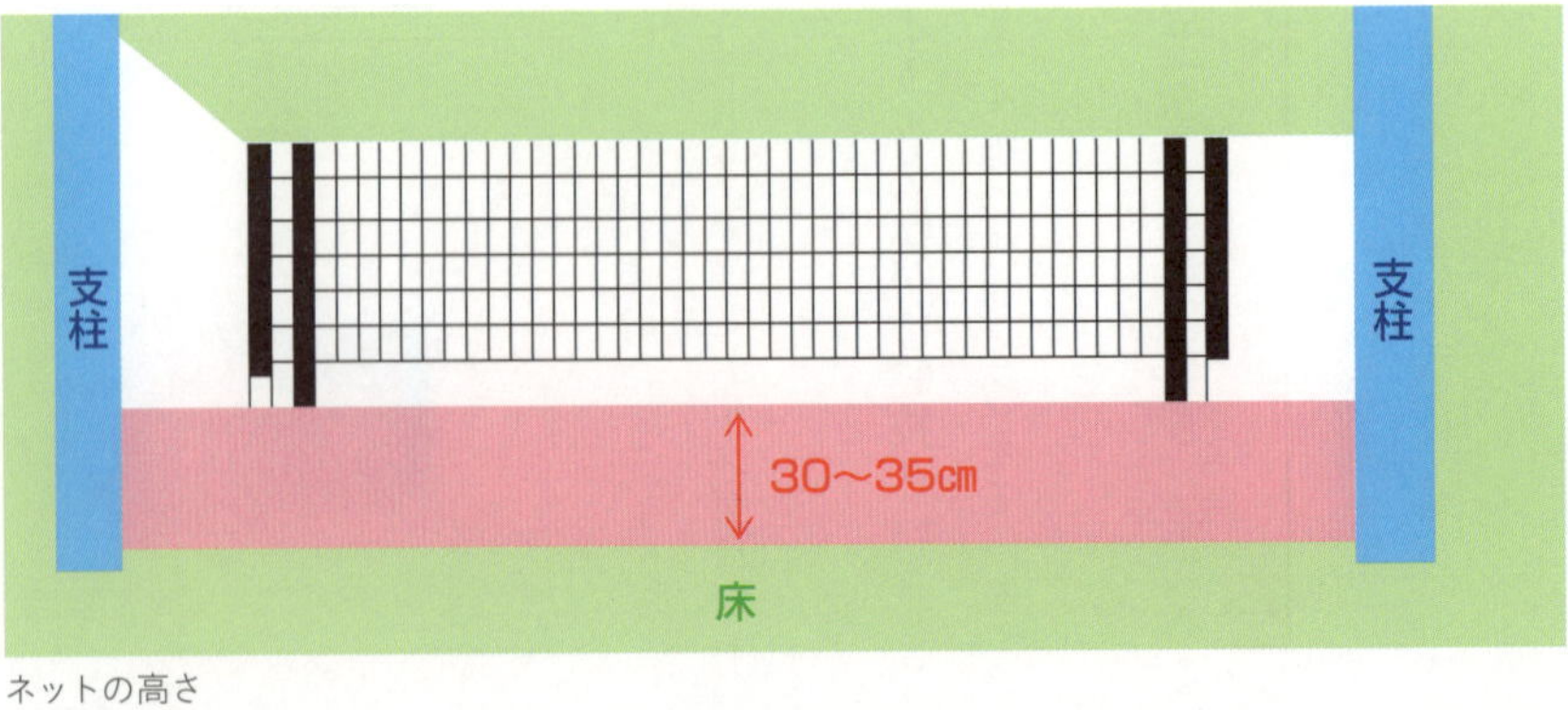

ネットの高さ

取材者感動メモ

みんなでできるスポーツの典型

ローリングバレーは、私自身の在職中の学校での体育球技実践と深くつながるスポーツとして、どうしても紹介したいと考えた。ボールを転がして、的あてのようにボールに当てて遊ぶ「当て出しボールゲーム」を支援学校で考案した。そのボール遊びは、2つに分かれてのボールを出し合うゲームとなり、ネットを囲みながら発展した「ゴロバレー」へとつながる教材であった。いわゆる多くの支援学校で行われているゴロバレー。

このローリングバレーは、私の球技実践の原型の発展そのもの。すごいのは、誰でも参加できる競技として発展させられていることで、大いに評価できるものである。包容力のある、みんなでできるスポーツの典型として、もっともっと全国的に広がってほしいと願わずにはいられない。人と人をつなぐ球技として、すべての人の生きる力につながるように、大いなる飛躍が期待される。

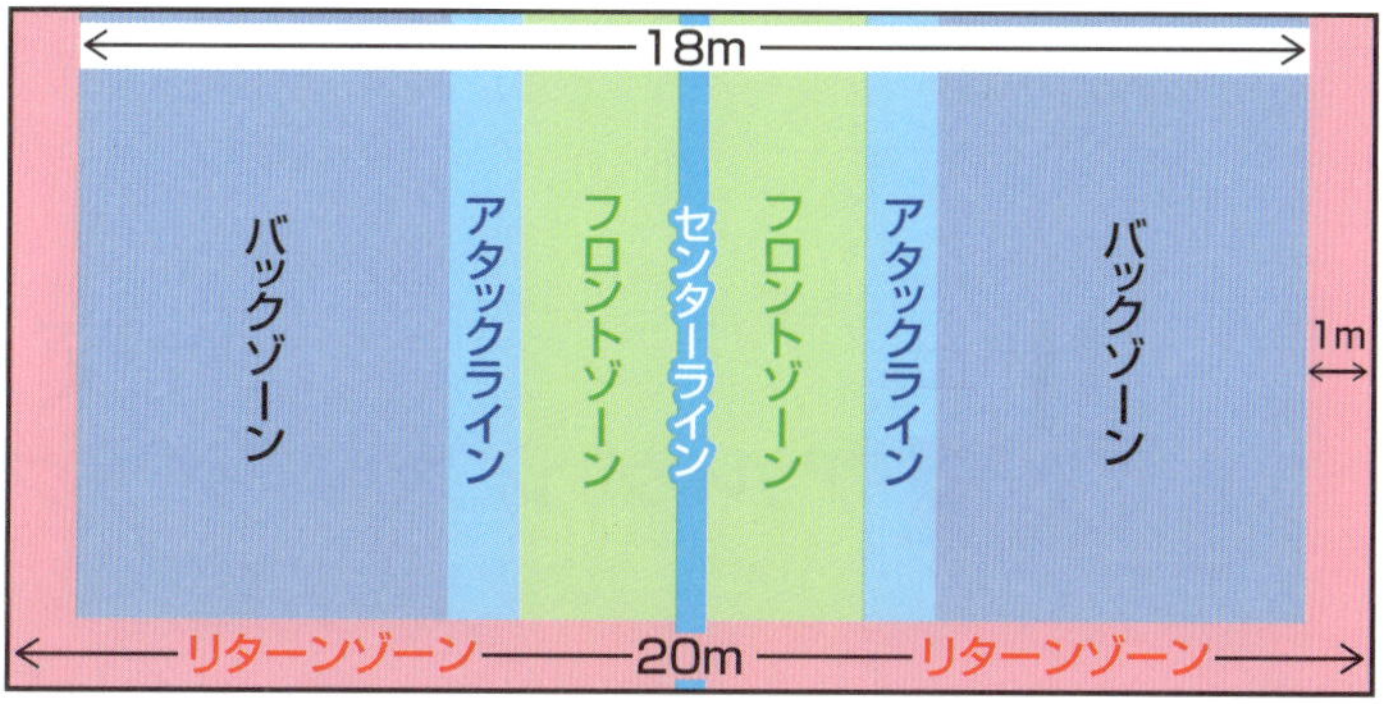

コート

社交ダンス「ソシアルダンス・クリスタル」

杉山征太郎さん

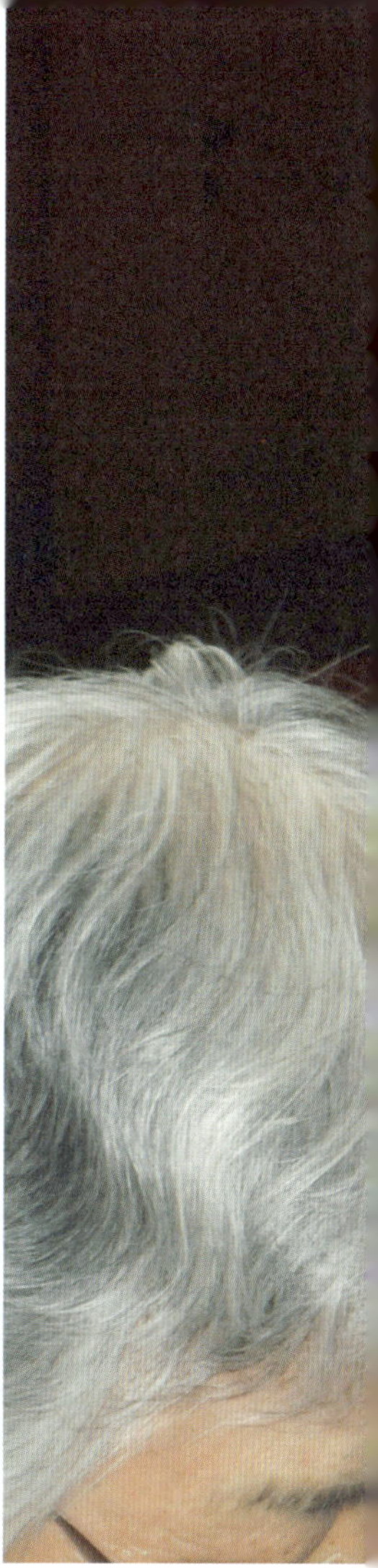

東京の北部を中心に活動する「ソシャルダンス・クリスタル」、2004年から代表を務める杉山さん。歩行の不自由さをまったく感じさせないよく通る声で、眼の輝きを感じさせるお話を聞かせていただきました。

若さの秘訣は男女のふれあい

おしゃれがいいんですよ。自由なステップで、自分の気持ちのおもむくままにやっていると、心は軽やかになるんです。熱心なお2人の先生にご指導していただいていて、いいお手本としてやさしくサポートしてくれるからありがたいんです。男女のふれあいで若がえるので、気分がよく元気になれるよ。

おしゃれな帽子がよく似合うダンディな杉山さん。ここに通ってくることが「楽しみ」、自らの「生きがい」。そして「苦労をかけているみなさんのおかげです」と、謙虚でした。

取材者感動メモ

障がいが重くても気軽に、生涯、楽しめるのが素晴らしい

ブルースの曲に合わせて男女ペアでの準備運動を兼ねてのスタート。車椅子の人を含めて14〜15名で、ゆったりと個々人のペースが何より尊重される練習風景である。今日はルンバがメイン練習。社交ダンスはおしゃれも大事。ちょっとハイな気持ちと男女のふれあいの心地よさは、やっている人でないとわからないが、見る者にも和やかな雰囲気は伝わってくる。

高齢の方が多いので、どこまでも時間はゆったり、笑顔で談笑を楽しみながら、優雅に流れていく。身につける衣装で変身してフィクション・ファンタスティックな世界を演じている。その魅力によって10数年も続けてこられたのだと納得してしまうのである。

いろいろなイベントでのお披露目も、心地よい緊張感と確かな意欲につながっているようである。メンバーはカラオケを楽しんでいる方も多いそうで、ここだけにとどまらないつながりが、みなさんのおしゃべりから「生きてるって」という想いが伝わってくる。

ここに通うのが大変な人も多く、夫婦での協力や参加でほほえましく感じた。障がいが重くとも、こうした気軽に、しかも生涯、楽しめる機会のあることが、どんなにすばらしいことか。いつまでも発展

されるように、心から願っている。

ずーっと「ソシアルダンス・クリスタル」をまとめてこられた杉山さんに、ぜひ会いに行ってみませんか！

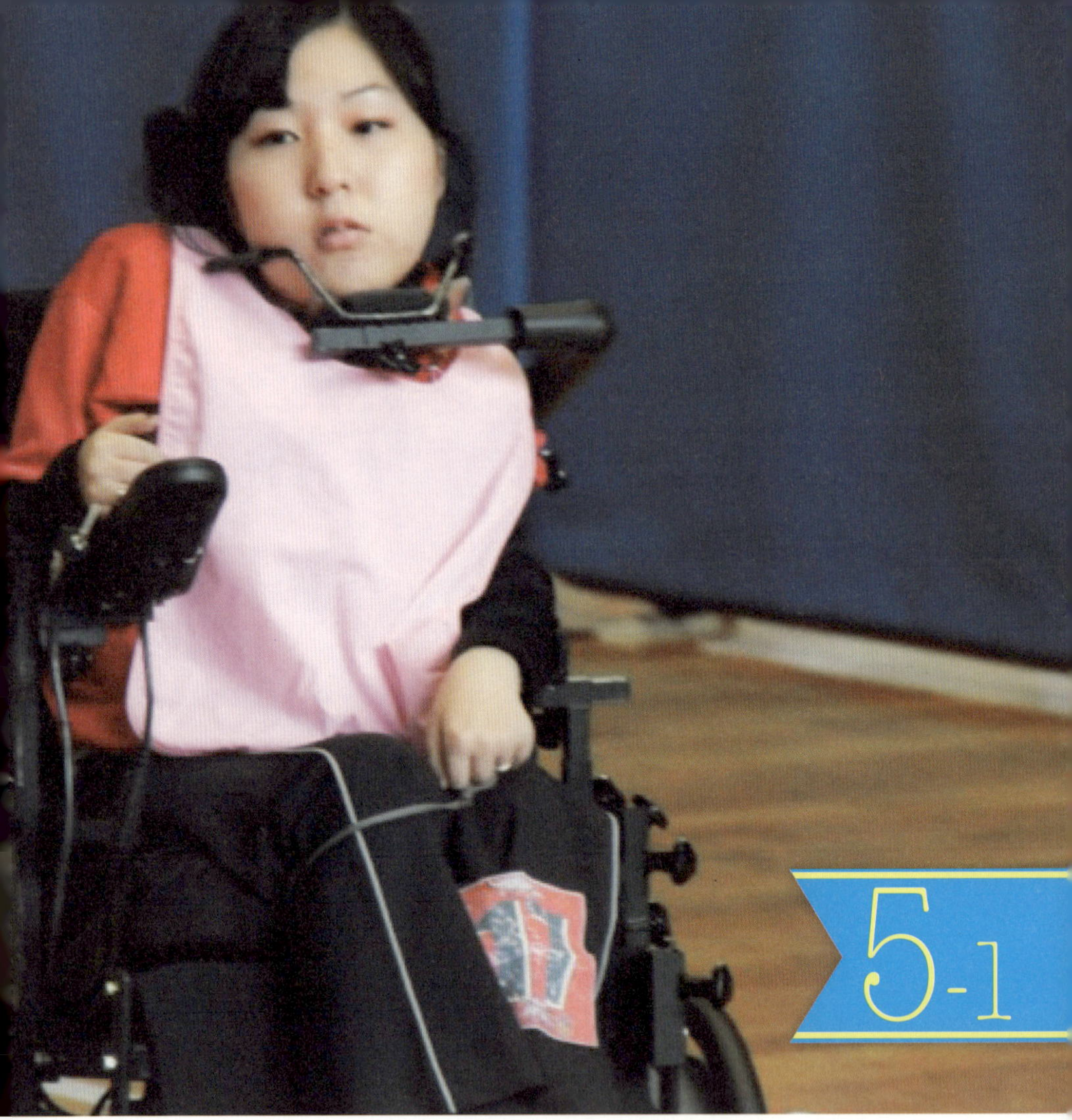

電動車椅子サッカー「横浜クラッカーズ」

事務局長、副キャプテン　永岡真理さん

電動車椅子サッカー「横浜クラッカーズ」

チーム結成16年目、代表・監督を務める平野誠樹さんはとにかくすごい人。著書『１１０センチの視野～電動車椅子のファンキー野郎　アメリカ留学激闘記～』（幻冬舎）を一読して、こんな人がいたことを知らなかったことをまず恥じました。

筋ジストロフィーの彼は二十歳前に単身アメリカで約3年間の留学、２００４年電動車椅子サッカー国際試合で優勝、２００４年ギリシャのパラリンピック取材記者、２００７年「第1回ＦＩＦＡワールドカップ」日本開催を実現させた。

２０１０年、２０１３年には、日本選手権で2度の優勝。著書の「まえがき」は、あの元サッカー日本代表監督の岡田武史氏で「あっぱれ平野！」と絶賛しています。チーム結成時から選手としても活躍してきた平野さんが率いる、このチームの若きメンバーに登場していただこう！

ワールドカップの日本代表として活躍したい

小学2年から電動車椅子に乗り、それまでもいろんなスポーツを体験してきましたけど、4年生の時に「手足が不自由でもサッカーができる」ことを知り、高校生になってから本格的に始め、大学にも進学して語学を学びました。毎週、練習に励んできましたが、2011年に日本代表の選考落ちし、入ることができませんでした。代表になるために、パスの技術を磨いたり、競り合いに負けないようにしなくてはと、それが成長のきっかけにもなっています。サッカーで声も出し、身体も使っていいリハビリになっていると思います。また、自分とチームが一体となったプレーができるよう、もっともっと仲間とのコミュニケーションを図っていきたい。

今は会社の人事部で働きながら、障害者スポーツ推進担当として、公私ともに人生の生きがい・喜びを多くの人と共有できるようがんばりたい。そして、私の目標である電動車椅子サッカー日本代表としてワールドカップに出場し、W杯で世界一になり、世界に通用する女性になれるように努力したい。

取材者感動メモ

高い能力が競い合って、眼の離せないスポーツ

出会いとは、こんなにもすばらしいことなのかと、喜びをジーンとかみしめる報告。

最初にお会いした総監督の金田さん、マネージャーがそのご夫人（2歳の男の子のママ）で、一家挙

げての取り組みにふれ、あたたかい雰囲気が伝わってきた。弟さんがチームのメンバーだったこともあるとはいえ、総監督としての努力は並大抵でなく、働く社会人として以外の個人的な面では、このチームに捧げておられるようだ。

競技は激しいぶつかり合いを想定していた私は、練習やゲームを見て考えが一変しました。スピードとすばやい動きに制限がある中で、どこまで人と電動車椅子が一体となってボールをコントロールできるか、必死の努力が見えてきた。チーム同士の動きをどうお互いに把握できているか、ボール出しのねらい・予測を事前にキャッチして連係プレーができるか、実に高度な技術・戦術が求められる。そのことは、永岡真理さん自身も大いに自覚し、重要視している。

個々人の技術レベルの向上とともにチームとしてのコミュニケーションプレーの高い能力が競い合って、眼の離せないスポーツであることを、多くの方に知っていただきたいと強く切望する。

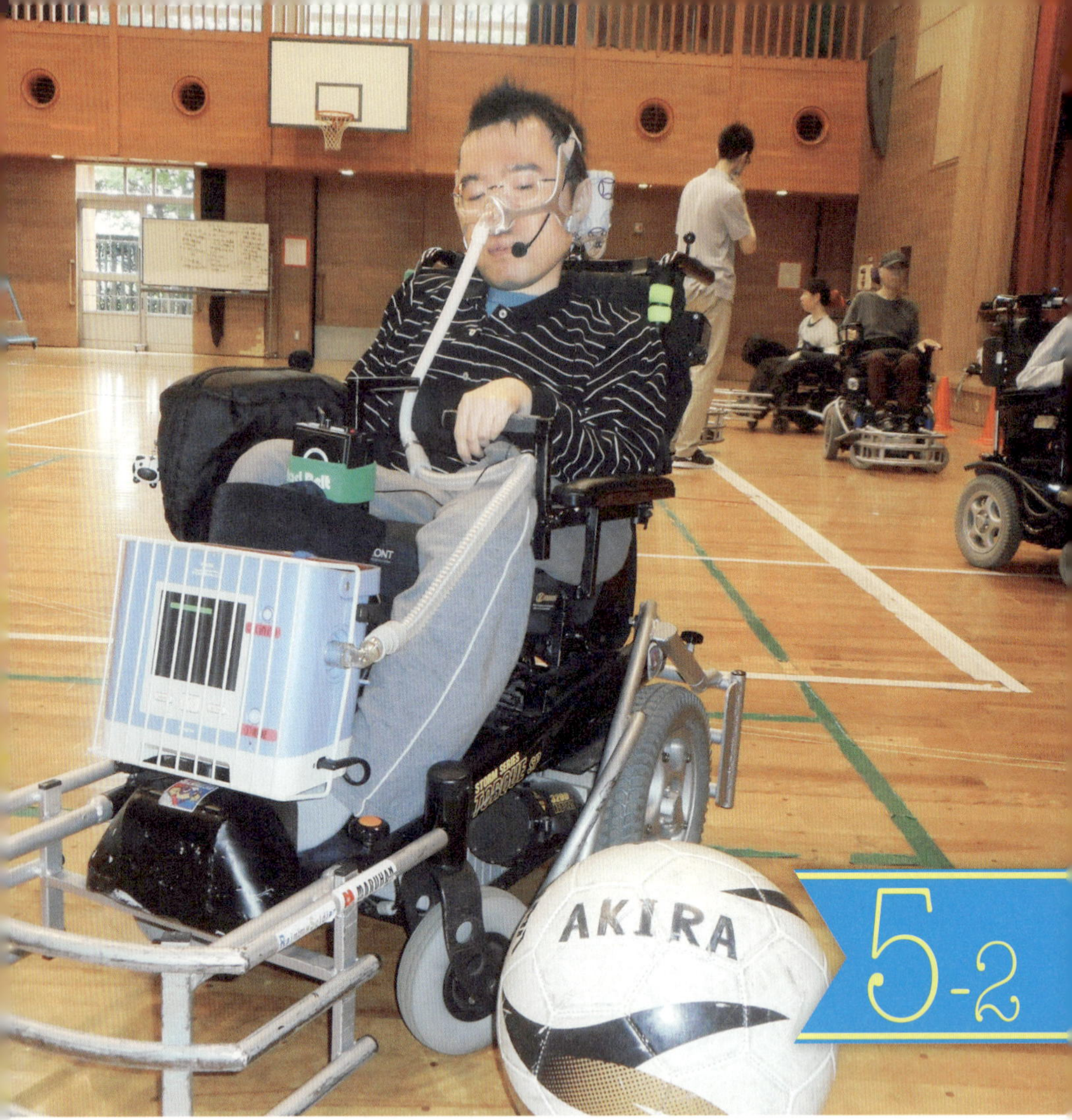

5-2

電動車椅子サッカー「レインボー・ソルジャー」

選手、監督　小川　健さん

今年も全国制覇をめざしたい

加藤—チーム名はどんなねらいですか？

小川—一人ひとりがアスリートとして輝くようなチームへの想いを込めました。

加藤—始めるきっかけは？

小川—中学2年の時に友だちに紹介されて、ハマってしまいました。
始めたのは中学3年からです。

加藤—サッカーのどんなところが魅力ですか？

小川—僕がボールを蹴れるなんて思ってもいなかったので、できるんだと思ったことが感動でしたね。

加藤—「クラッカーズ」チームの平野監督とはお知り合いなんですね！

小川—そうですね、だいぶ前から試合で会う機会があって。外国へ単身留学ってすごい人だと思っていました。個人的にはすごい刺激になります。

加藤――チームとしても、いいライバル？
小川――最初は全然歯が立たなくて、最近ようやくお互いが優勝争いをしていて、切磋琢磨できていて、うれしいですね。
加藤――コーチとかは？
小川――数年前から大学生のサッカー部にボランティアとして指導や支援をしていただいて、お陰で技術面でも上達できていると思います。
加藤――名刺には関東ブロック協会副会長とありますが？
小川――会長もやったりしました。関東で11チームですが、ボランティアや大会会場の確保など運営上は大変です。今年も全国大会に18チーム出場予定ですが、審判の技術向上など課題も多いです。また、しっかりとしたルールの確立も課題です。
加藤――いろいろ大変では？
小川――そんなことはなくて、全国にいろいろな知人、友人ができて交流できることは楽しいです。いろいろ情報交換もできて、いいです。
加藤――これからの抱負を
小川――チームとしては今年も全国制覇ですね。また、Ｊリーグとかの選手との連携も図っていけたらと考えています。個人的には若い人のチームをつくって、指導したりしたいです。
加藤――ありがとうございました。レインボーチームの優勝と電動車椅子サッカーの発展を期待しています。

取材者感動メモ

将来を見据えて語る生き方に感動

養護学校時代の教え子に会えて、しかもこんなに活躍していることが本当にうれしい出会いとなった。

卒業してから13年、チームの要として、運営の努力などしながら、こんなに将来を見すえて生き方を語ってくれる、たくましさに感動した。

出版の目的を話したら、「オリンピックで、デモンストレーションでもやりたい」と、将来を見すえて果敢なチャレンジを語ってくれた。こちらの趣旨をすぐにとらえた的確な答えには、ただただ驚かされた。

学校時代のことが役立っていますか？と率直に聞いてみた。「今はよくわかりませんが、もっと補足が必要では」という感想を言ってくれた。「もっと生涯を見通した教育」をという反省が、脳裏から離れません。

12年間の教育で、子ども・青年たちが、社会で体育・スポーツを発展させる主体者としての力量を保障できるのか、学校関係者に鋭く問われていることを痛感した。

6

室内テニス
ハンディスポーツクラブ

玉川まさみさん

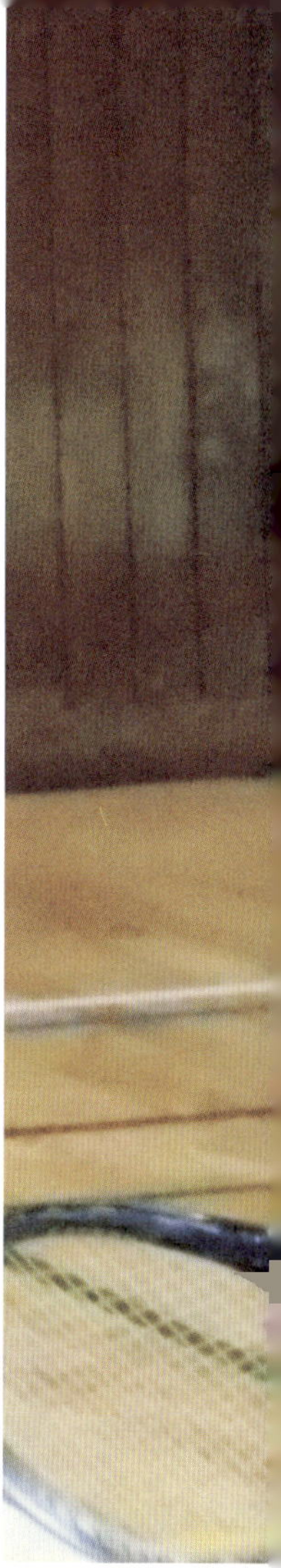

玉川まさみさんのお話

テニスを始めて10年になります。友だちの紹介で始めました。周りの人がやさしく受けとめて、教えてくれます。だから、とてもがんばれます。

最初はラケットになかなか当たらなかったけど、だんだん上達したと思います。ラリーができると楽しいです。とにかく休まないで、仕事もテニスもやっています。通うのに大変だけど、これからもずーっとがんばります。

取材者感動メモ

青春まっただ中、こっちまで元気に。

とっても明るく素敵な笑顔で答えてくれた。体と言葉はちょっと不自由だが、一生懸命に話してくれたのが印象的である。テニスでいっそうたくましさが増した方だとわかる元気さ。そして、実直、好感度バツグンの青春まっただ中という感じである。こっちまで元気になった。

代表の矢内信夫さんからのメッセージ

「30歳で交通事故にあって、元通りに戻りたい、動けるところを見せたい、と義足をつけてからスポーツを始めました。得意だったスキーからやり始め、水泳と卓球に挑戦、それから動きのたくさんあるテニスへと広げていったんです。当時は障がい者スポーツと言えば車椅子バスケットとアーチェリーぐらいでしたから。テニスを始め、できることをわかってもらったことで、東京都障害者総合スポーツセンターにテニスコートを作ってもらうきっかけとなりました。

1984年にニューヨークでのパラリンピックに水泳、卓球、陸上競技の代表として出場し、選手宣誓もしました。スポーツの普及に寄与してほしいということだったんでしょう。だからいろいろ協会や連盟をつくって普及活動にも力を入れてきました。14年前に脳出血で左半身に麻痺を負ってからもスポーツをすることで、不自由なく生活できるところまで回復しました。現在も週4日、テニスと卓球をやっています。

『健常者も障がい者もスポーツが楽しいのは同じ』垣根を越えて親しみたいと思います。それこそ、ニューミックス・スポーツとして男女や障がいのあるなしにかかわらず楽しめることを、これからもめざしたいですね。特にこれから高齢化社会ですから、みんな一緒にできるようにと強く進めたいと思っています。そのためにも、都内の一般の施設でもどんどん一緒の企画をしていただきたいです。2020年に向けて

絶好の機会でもありますので、障がい者が利用できるスポーツセンターを都内に新たに建設してほしいし、さらに全国的なナショナルスポーツセンターを作ってほしいです」

取材者感動メモ

「障がい者も健常者もスポーツが楽しいのは同じ」

驚きと感動の出会いだった。障がい者スポーツを自ら実践し、組織し、発展を支えてこられた方が目の前にいた。その活躍、実績を少しも感じさせないやさしさ、物腰のやわらかさは、まさに敬服としか言いようがない。公益財団法人日本体育協会発行の『Sports Japan』のインタビューでも、「スポーツは人生そのもの、そして失ったものに代わる大きなもの」の見出しで紹介されている。

名刺の肩書からも、東京身体障害者卓球連盟会長、認定NPO法人日本テニスウエルネス協会理事、（公益社団）東京都障害者スポーツ協会理事、ハンディスポーツクラブ代表と、その活躍ぶりが伺える。

また、このクラブのモットーとして「誰でも　誰とでも　スポーツを楽しむこと」をめざしている。それと合わせて、矢内さんは「障がい者も健常者もスポーツが楽しいのは同じ」とおっしゃっている。本書提言の趣旨を裏づける貴重な実践者としての言葉だ。

矢内さんに接して「取材者感動メモ」をつくるきっかけをつくっていただき、本書がさらに充実できた。出会いへの感謝をこめて、ここに記してお礼とする。

7

グラウンド・ゴルフ「月曜クラブ」

代表　横井安雄さん

人柄・信頼がチームに浸透

練習の合間に気さくにいっぱい話してくれました。

「ここは気持ち良いでしょう。いろんなコースが設定できて、いいんです」

毎週、野外でのプレーでたくましさが、いっそう際立っています。４〜５人でチームを組んで８コースを回っていきます。記録は交代しながら、順番や譲り合いがごく自然にスムーズに行われて、見ていてもなごやかさが伝わってきます。

時々、大きな声で「ナイス」とか、アドバイスをしながら周りに対する配慮は欠かさない横井さん。自らのプレーと同じくらい、常にチームのメンバーにまなざしが注がれています。それが全体を包み込んでいい雰囲気でゲームが進行し、カキーンという音、ゴールのやさしい鈴の音、お互いの声の交換と相まって、集中しながら見ていても気持ちがいいんです。

横井さんの人柄・信頼がこのチームに浸透しているんですね。実力も他の大会で入賞するほどですが、みんなと一緒に溶け込んで楽しんでいる代表です。

取材者感動メモ

自然でのんびり、やさしく気軽さが魅力

決して広いとは言えないグラウンドだが、気持ちよい風に吹かれながら、カキーンと打った音が響き、みんなの視線と声が相まって、自然に風に吹かれる心地よさがある。木陰もあって、野外ゲームをゆっくりと楽しんでいる雰囲気が魅力なのだろう。いかにも健康的だが一方で、目標を定め、力加減に集中して真剣そのもの。ゲートボールよりは自然でのんびり、ターゲットバードゴルフよりやさしく、気軽さが受けているようだ。しかし、ホールインワンの歓声が響くと、記録更新への熱い想いがあふれるメンバーのみなさん。そこも魅力だろう、きっと！

25名の定員でいつもいっぱいの人気ぶりも伺える。入会を待っている方もいる。そんな体験をされたい方は、ぜひ検索を！

簡単な競技・チーム紹介

野外の8コース、3打でパー、硬めの野球ボール大の玉をスティックでゴールに入れて、得点を競い合う。正式な競技コースは決まっているが、この場所に合った独自の変化のあるコース設定で練習している。1982年、鳥取県の生涯スポーツ活動推進の一つとして考案された。高度な技術を必要とせずに、全力を出す場面と集中力・調整力の組み合わせで、ルールも簡単。規格化されたコースがなくとも自由に設定できるところがいいのかも。このクラブではハンディをつけ、初心者でもいい成績が残せるようにしていて、月1回、月例会および表彰式（景品あり）などを行い、親睦も深めている。車椅子の人も含めて、すべて障がい者のチームで、毎週月曜日に開催している。

スポーツ吹き矢同好会

代表　山崎道男さん

「障がい、あるなしにかかわらず、わかりやすくって楽しめる」

代表…山崎道男さんへのインタビュー

——始められたきっかけは？

５年前にたまたまここのスポーツセンターに来て見学し、すぐにハマってしまいました。「踊るアホに、見るアホ、同じアホなら踊りゃにゃ、損々」といった感じで、のめりこんでいます。

——それまでは？

若い時に事故で脊髄損傷となり、リハビリ後、会社員で働きました。そのころから車椅子バスケットボールのお手伝いをしていました。マネージャーのようなことで、そんなことが苦にならず、人をまとめたりすることに慣れていたこともあって、代表をしています。

——吹き矢の魅力って？

結果が目に見えてわかりやすいんです。向上心がもてて、夢中になれるんです。もちろん、健康には最高です。心の健康にも。ここに来るだけで気分転換できるし、発散できるから。妻にもすすめて、今は一緒に楽しめています。月2回での練習以外にもやったりしています。

――代表とか大変ではないですか

事務局的なことは慣れているんです。私がやってて楽しいんだから、多くのみなさんにもやってもらいたいと思ってやってます。

――今後について

障がい、あるなしにかかわらず、わかりやすくって楽しめる。健康にもいいし、メンバーの輪を広げていきたいですね。

取材者感動メモ

深い深呼吸をともなって、健康には絶大に貢献！

障がいがある・なしに関係なく、まったく同時進行のスポーツの代表格ともいえる。なにしろ深い深呼吸をともなって、健康には絶大に貢献してくれると実感できるし、その通りの元気よさがみなぎっている。しかし、練習が始まったとたん、的に集中する張りつめた雰囲気が体育館に広がる。

代表の山崎さんは、とにかく元気いっぱい、マイクを通した声で的確に、スムーズな進行から、自信あふれる感じが伝わってくる。私もちょっと体験させていただき、意外と強く吹かなければならないので、よい呼吸トレーニングにもなると納得しました。あなたもちょっとのぞいて、吹き矢にハマってみよう！　まずはホームページにアクセスを。

競技の簡単な紹介

フィルム製1gの矢を120㎝の筒で吹いて直径30㎝の的に的中させる競技。道具は入門セットで8千円ちょっと。1ラウンド5本の矢を吹き、得点を競い合う。

東京では現在、92支部3400人ほどが楽しんでいる。2級から6段まで目標をもって、大きな達成感も得られます。世界の競技人口は3万5千人、国内でも全国障害者スポーツ吹き矢競技会ができ、活躍の場が広く、大きい。

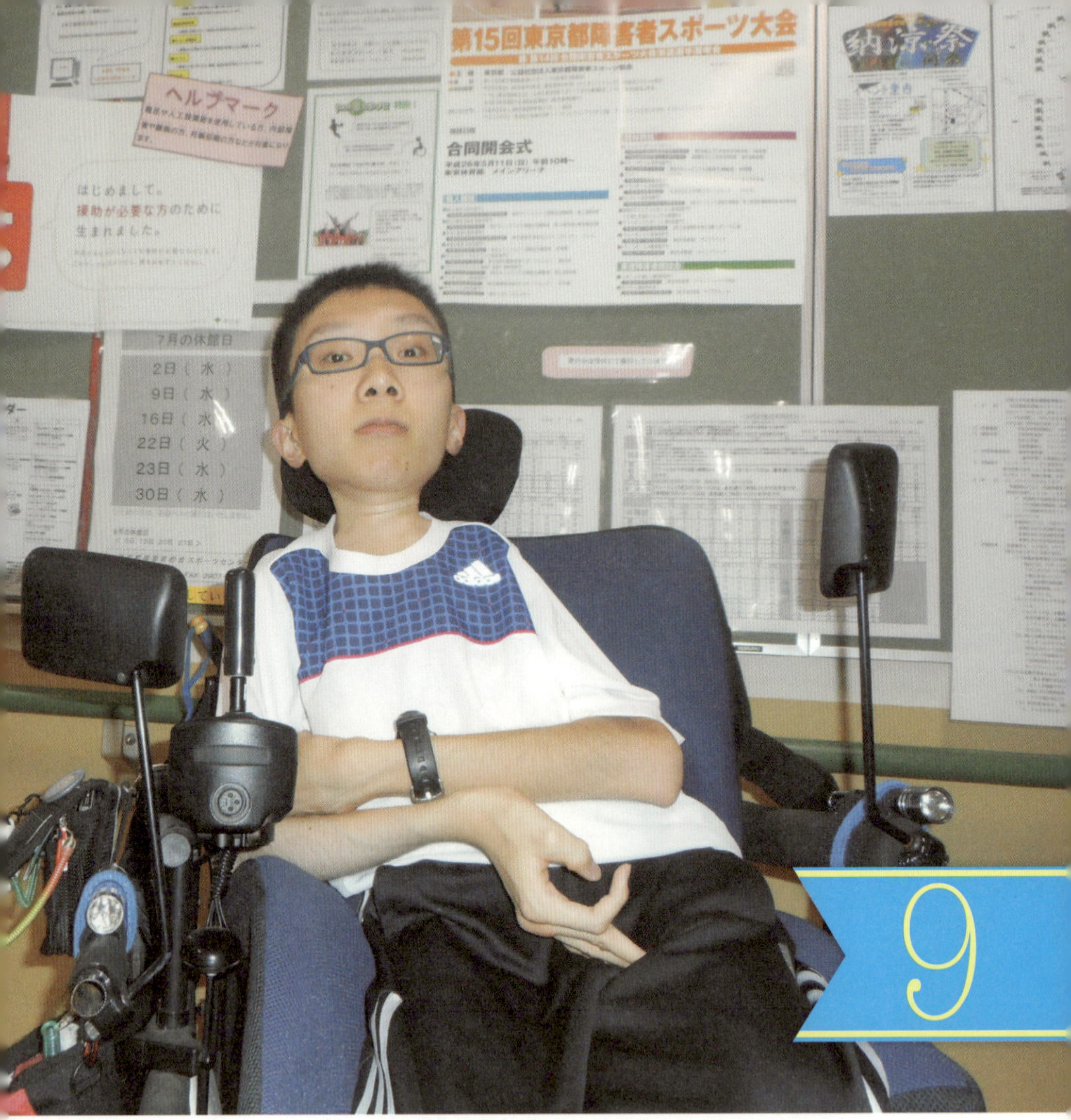

9

光明特別支援学校ハンドサッカー OB チーム「光明スワローズ」

和田　旺さん

「働きながらハンドサッカーをさらに楽しみたい」

高等部から入学した光明特別支援学校で初めて、体育の授業の楽しさを知りました。

それまで通っていた公立小・中学校では、ケガを恐れて見学でした。高校でボッチャや車椅子陸上競技を体験して、運動に制限の多い自分でもスポーツができることがわかり、そのことが大きく自分を変えました。ハンドサッカーに出会ったのもその時です。小さい頃から野球が好きで、小学生の時はおもちゃで遊ぶ程度でしたが、自分も参加できる球技として知ったのは、ハンドサッカーが初めてでした。

高2で電動車椅子になり、思い通りに動け、行動範囲も広がり自信もついてきました。電車が好きでよく出かけたり、パソコンも好きです。ハンドサッカーを始め、こもりがちだった小学生のときより身体も元気になってきています。風邪が深刻化しないことも増えてきました。練習や試合に向けて、身体を意識的に動かしたり、よく声を出したりするので、体調も良くなっています。

高等部卒業後、大学で4年間『障害児教育ムーブメント』を専攻し、遊びを通して身体の感覚をどう育てるのかを学びました。今は、世田谷区の障がい者の就労移行支援事業でパソコンの勉強をしながら、自分自身の就職も探しています。働きながら、ハンドサッカーをさらに楽しみたいと思っています。

取材者感動メモ

スポーツを楽しみ、自分らしさを発揮

突然の訪問インタビューにもかかわらず、テキパキと応じていただき、感謝の気持ちでいっぱいになった。大学まで進んで専門性を身につける情熱には本当に素晴らしいとしか言いようがない。自分の体調のことも良く把握できているという印象だった。若い男性のヘルパーさんに上手に協力していただきながら、生活や活動を組み立て、援助を求めて自立をしている。多くの障がいをもつ人の共通している生き方を、和田さん自身も示してくれていると思った。

ハンドサッカーに出会え、「やっぱり楽しい」と笑顔で応える表情には、目も輝き、これからの未来を見すえて生きていく頼もしさを感じた。障がいのある人が障がいのない人と一緒に協力しながら生きている中で、それを支えにスポーツを楽しみ、自分らしさを発揮していくだろうと確信できるインタビューだった。

実は、このハンドサッカーには特別な想いがある。私が初任校の北養護学校2年目（1974年）に、

「子どもたちにぶつかり合いの中で育ち合うたくましさを」という思いで始めた。手を使える子は手で（ハンドボール）、足を使える子は足で（サッカー）というので、合わせてハンドサッカーとし、中・高球技大会の競技として始めた。２校目の小平養護学校でも実施した。

その後、障がいの重度化の中で行われなくなったが、対外競技的に復活し多くの方の努力で今日を迎えている。

ハンドサッカーが誕生してからちょうど40周年、こうして発展を遂げていること、そして若い青年たちが夢中でボールに青春をぶつけている姿に触れることができ、感動いっぱいの想いである。

これからも難しい課題を乗り越え、発展していくことを期待したい。

取材を終えて

出会いの感動を伝え、広げたい。この想いよ飛べ

知らないということは恥ずかしいことですが、だから知りたいと強烈な想いをかきたたせてくれたみなさんに心から感謝します。今回は限りのある取材でしたが、多くの感動をいただき、励まされました。

今回取材できなかった、例えば、20周年を越えて盛んな日本車いすダンススポーツ連盟、長野パラリンピック冬季大会から始まったクロスカントリースキー大会は18回目を迎え、知的障がい児・者サッカー大会は地方大会も含め全国に、そして「もう一つのワールドカップ」として世界的に注目されている数々の競技があります。

また、日本身体障害者野球連盟は1993年に発足し、全国に33チームがあり、4年に1度世界大会も開かれています。視覚障害者サッカーは「日本ブラインドサッカー協会」があり、世界連盟とともに盛んです。5人制で健常者がまじり合う社会としての〝ビジョン〟、障がいの有無にかかわらず生きがいをもてる〝ビジョン〟というテーマを高く掲げ健闘しています。

エアライフル、電動車椅子ホッケー……競技チームだけでなく、エアロビクス、アーチェリー、風船バレー、水・プール遊び、登山……数多くの個人、有志、集団とで運動やスポーツを楽しむことは、無限の可能性へのチャレンジのようです。

今、こうした動きがインターネットで手に取るように情報が行きわたります。多くの人々が、つなが

りを求め、スポーツに元気をもらいながら、生活や仕事のことなど、たくさんの壁を打ち破っていきたいと取り組んでいる姿に突き動かされています。

IOC名誉委員の岡野俊一郎氏は「パラリンピックは勇気と感動を呼ぶ価値ある文化であり、国家的支援を強く求めています」。スポーツ評論家の玉木正之氏は「障がい者と健常者の同時進行における競技開催を」主張しています。障がい者スポーツ写真家の清水一二《かずじ》氏は「手や足の指が少し動かせる人がスポーツを作りだせばいいのではないか」とエールを送っています。

こうした中、今回取材に快く応じていただいたみなさんとともに、全国の無数で、無名の人たちの努力がこうした主張を裏付け、支えていると確信できました。全国の仲間たちが、もっともっと輝くように社会保障の前進が求められています。

また、何といっても特徴的なことは、障がいのある人、ない人、男女、年齢に関係なく、みんな一緒に楽しめるスポーツの実践を求め、希望しているということです。

本書の出版も今までの多くの関係者の努力の上に支えられていると改めて確信できます。みなさんとともに、本書が障がい者スポーツを、さらに前へ進めることができるような役割を担えればうれしいかぎりです。

加藤　徹

第2章　鼎談　スポーツをすべての人の生きる力に

シッティングバレーボール

1
障がいのある人の体育・スポーツは、すべての人の体育・スポーツの原点

司会　第一線でご活躍されているみなさんに、今日はお忙しい中、お集まりいただき本当にありがとうございます。みなさんに自己紹介をお願いします。特に障がい児者との関わりを中心にお願いします（プロフィールの詳細は奥付を参照）。

正木　たくさんの子どもたちの実践・研究にかかわってきましたが、その中で事例として障がいのある人にかかわったこともあります。50年前の東京オリンピックの年から文部省（当時）がスポーツテストをやり、その分析などやってきました。後で述べますが、そこでの後退している子どもの体の問題は障がい児の場合、もっと矛盾が大きいのではないかと思います。大脳・前頭葉の働きである「やる気」の問題など、子どもたちの体の変化を徹底して調査研究してきました。大修館で出版した『障害児の体育』に、そんなことを書いたりしました。

久保　学生・院生時代に障がい児も含めた水泳指導をしたり、1977年から東北福祉大学で河添邦俊先生に、障がい児の育つみちすじと、そこにおける「からだ」の問題の重要性を教わったり、大学生に障がい者がいたりしてかかわってきました。

宮城教育大学では中森孜郎先生とともに養護学校の実践や筋ジスの人の体操方法や水泳など、身体・体育スポーツを広くとらえることを学んできました。障がいのある人の体育・スポーツ実践は、すべての人の体育・スポーツ実践の原点ではないかと思っています。

芝田　障がい者スポーツに関わって40年、主に京都での障がい者スポーツの組織化と日本障害者陸上競技連盟の会長を20年やってきました。この連盟には、身体障がい者が全国で360万人いる中で、登録者はたったの五百数十人、その中で大会に出られるのはほんの数十人です。

まだパラリンピックは超エリートのスポーツになっています。また、障がいの重い人には全然スポーツをやる機会もないのが現状です。

パラリンピックでメダルがいくつ取れるかが予算確保に関わって重視される中で、すべての障がい者のスポーツ保障、特に障がいの重い人に対して社会の目が向いていません。何とかしたいと強く思います。

2 オリンピック・パラリンピックのバリアを超えて

司会　ありがとうございます。それではこの鼎談の一番のアピールしたいオリンピック・パラリンピックへの提言について、まず、芝田先生からお願いします。

芝田　率直に言ってオリンピック・パラリンピックの同時・同日開催が一番望ましいと思っています。いっぺんに全部をやるのは日程や運営面で難しいかもしれませんが、開会式、閉会式やいくつかの種目だけでも同時・同日にやれたら、日本は世界から大いに評価されることは間違いないと思います。

また、それは障がいのある人も一般の人と同じように生きるのが当たり前とする「ノーマライゼーション」の理念とも一致します。国境を越え、地球上のあらゆる違いや差別を超えて、平和と友好にふさわしいスポーツ祭典が２０２０年に、東京パラリンピックで実現できたら、最高だと思います。

司会　先生は40年以上にわたって障がい者スポーツを推進して来られた、その立場から一言お願いします。

芝田　直接、聞いたり感じ取ったりして思うことは、障がいのある人々のスポーツへの願いには「人間的平等への願い」「障がいの克服や発達保障への願い」が非常に強いということです。「一般の人と同じようにしてみたい」という気持ちをスポーツにも向けられているんです。その1つの象徴としてオリンピックという場でも、できるところから同時に開催できることに期待が大きいと思います。つまり、オリンピックとパラリンピックの壁をできるだけ取り除こうということです。

司会　障がい者のおかれている現実、実態からしても、その願いの実現は切実ですね。

芝田　特に障がいの重い人は、一般の人に比べて運動する機会が非常に少ないので、「寿命も短い」と言われ、生きていくということもきわめてきびしいわけです。高齢化する障がい者の2次的障害などもあり、重度な人ほど身体運動の保障は切実なんですね。

パラリンピック育ての親であるグットマン博士は「失ったものを数えるな　残されたものを最大限活かせ」と呼びかけ、障がい克服にスポーツが有効であることを強調して、その実現が求められているわけなんです。

司会　そうですね。さらに、世界や日本で重要な動きとしてどんなことが……

芝田　1975年の国連総会で満場一致で採択された「障害者の権利宣言」では「いかなる例外もなしに、いかなる状況による区別も差別もなしに」「同年齢の市民と同等の権利をもつ」と謳われているし、1981年国際障害者年の統一テーマは「完全参加と平等」でしたね。これはスポーツの面でも当然保障されなければならないと考えます。

司会　芝田先生、そこに至る障がい者スポーツの歴史はどうだったんですか。

芝田　1960年のローマオリンピックの後に初めて、いわゆる障がい者のオリンピックが行われ、その4年後の1964年東京オリンピック後、正式に名称も「パラリンピック」として開催されたんです。いわば東京で正式にスタートし、ちょうど今年で半世紀がたった。当時、日本の障がい者スポーツでは、聴覚・視覚障がい者以外のものはほとんど行われていなくて、そのため入院中の脊髄損傷者を選手として急きょ集めて参加した。その後、障がい者の種別を超えて参加者も増え、今日では大いに注目を集めてきています。しかし、冒頭でも言ったように、まだまだ、ほんの一部の人しかスポーツがやれていないし、同じ人間として障がいのある人も、ない人も、一緒にスポーツができるようになるためにも、そのシンボルとしてオリンピックで障がい者を含むすべての人が集うことの意義は、計り知れないと思います。

正木　ボッチャをやっている方を知っているんですが、この種目は障がいのある人もない人も、一緒にできる種目だと思いました。同時開催ができると、みんなが一緒に競技するということも実現できて、とても素晴らしいことだと思いますね。

久保　京都のスポーツ大会で、障がいのある人・ない人の協力・協同の大会を知って、まさにノーマライゼイションの実現だと思いました。せめて開会式、閉会式だけとか、会場は別でも同時進行で行われることが、とても貴重なのではないかと思います。

司会　実現には大きな世論の盛り上がりが不可欠だと思いますが……

芝田　マスコミでも、著名なスポーツ評論家の同じような主張も紹介されたり、身近なところでは、ある聴覚障害者協会の幹部の人が4年に1度のデフリンピックをオリンピック・パラリンピックと一緒にできないかと主張したりしています。

また、世界陸上選手権大会では、男子１５００ｍ、女子８００ｍで、一般の競技の後に障がいのある人の競技が行われているんです。これを他の競技で実施するだけでも状況は大きく変わると思います。

司会　障害者陸上競技の佐藤真海さんがオリンピック招致のプレゼンテーションで「壁をすこしでもとりはらう」と発言されたことが注目を浴びましたね。また、ＩＯＣ名誉委員だった岡野俊一郎さんの「見る人に感動を与えるパラリンピックの力」の評価や期待もあり、同時開催に一歩でも近づけるために、これから大いに声を上げていく必要があります。

3 みんなができるスポーツを

①スポーツの魅力・本質

司会　そのためにも、障がい者スポーツの実態、課題から今後の発展方向について、お話を進めてください。

芝田　一般のスポーツでも、勝敗中心の競技性が非常に強調されてきた結果、スポーツが一部の人に限られてしまっています。そういう一般のスポーツ界の流れが、障がい者スポーツでも障がいの重い人が参加しにくい状況をつくりだしています。

久保　一般のスポーツ界も、１９７０年代にはスポーツの大衆化が叫ばれましたが、80年代以降に「行政改革」の名の下で切り捨てられてきました。スポーツをやりたい人は増えているのに実際にやれる人は後退している。障がい者スポーツではどうでしょうか。

芝田　大まかに言えば、大正中期から盲・聾学校での教育が進められて、学校体育が行われ、スポーツも進められたが、他の障がい児は１９７９年の障がい児教育の義務制実施以降に進められてきた経過がある。そういう意味で、学校体育の果たす役割は大きい。

障がい者スポーツは依然として、ごくごく限られた人しかできていません。指導者や場所の問題も大きいですが、普及のためにも障がいの重い人たちの競技をつくっていくことが必要なんです。だから私は一貫して「指１本での身体運動もスポーツとして考え、保障したい」と思ってやってきました。

久保　そういう点では障がいのあるなし、障がいの程度を超えてできるためにも、勝敗だけを追い求めるスポーツのあり方について、改めてその本質を考えていきたいです。スポーツ競技の醍醐味や向上心は、それはそれで大変重要な価値です。しかしそれだけだと、誰もが楽しめて、スポーツの面白さを追求しようとする意欲が高まりません。

例えばバレーや卓球のようなネット型のスポーツでは、相手にどう勝つかということだけで対戦しあっても面白くない。むしろ、どれくらい長く打ち合えるかということで、熱中してくる。ともに連帯感や達成感を味わえるようなラリーの中で、技と力を競い合えるような考え方が必要だと思います。テニスや卓球の「サービス」は、そもそも相手を思いやるものだったわけですから、スポーツ本来のもっている本質を味わい、楽しむことをもっと追求したいですね。

風船バレー

司会　スポーツのもっている魅力を広くとらえることで、参加者も多様に楽しめるようにしたいですね。

久保　さらに、剣道の稽古で、壮年の強い人が相手にたくさん打ち勝つことに目が行きがちですが、老境に入った練達の人に、たまに軽く「ポン」と決められた時に、それが「決められるべくして決められた」場合、「やられた」と感じるという話を聞いたことがあります。私たちはどっちが早く決めるかに目が行きますが、そういう見方が必要ではないでしょうか。そういう「スポーツ観」を広げることが必要だと思います。

司会　そういうスポーツ観で、文化としてのスポーツの価値を高めることですね

久保　それに、体操競技や新体操などは本来、生きた人間の身体と動きのすばらしさを表現するものだったのが、それが得点を競う競技文化になると、動きの大きさや速さ、回ったりひねったりする回数を競いはじめる。それだけでなく、美しさやすばらしさを表現することをめざすスポーツもあっていい。間口を広げ、それを「みんなのスポーツ」とすることで、すべての人につながっていくと思います。

司会　点数や序列化すると、どうしても排他的になってしまうんですね。みんなができるスポーツも幅広く考えてつくっていく、そこで多様な参加が可能になるようにしたいですね。また、文化の力と同時に、体の力も大切ですよね。

②スポーツで「かしこい体とたくましい頭を」

正木　スポーツでは、そのスポーツに必要な体はできるが、それ以外は問わないことが多いですね。勝敗といういわば競技と、体のテーマを区別して考えないといけないですね。

芝田　かつてある大学の女子陸上競技部の監督をしていた時に、勝つために本人自身が食事制限を行い、その結果、栄養状態が悪くなり、生理がないという選手がいました。それを是正するために、指導者をつけて総合的栄養管理をしていきましたが、そういう例は多いでしょうね。

久保　陸上で勝つために短期間は突っ走れても、長続きはしないですね。ヨーロッパなどではママさんになってもマラソン選手で長く続けている人がいますが、人生の豊かさが違うんですね。本来の充実した人間力をスポーツで培う必要があります。

　歴史的に見ても古代オリンピックからずーっと、身体の専門化・奇形化など、ゆがんだスポーツのあり方と調和的な身体観・スポーツ観との間を、繰り返し行ったり来たりしてきているのです。

正木　長い間、子どもの体と心の問題を頑固なまでに調べ、分析し、どうしたらいいかを研究してきました。大きな問題は3つです。一つは体を支える背筋力の低下、二つ目は体が硬くなってきた問題、三つ目は一番大事な大脳・前頭葉の働き、具体的にはやる気の低下ですね。

久保　体の力を育てるのに、どういうふうにしたらいいのでしょうか。

正木　自然に育たなくなってしまった体の問題には、体育・スポーツで体の使い方の力を活用し、何とかしなくてはいけないと思います。体温調節がうまくいかない問題、自律神経の切り替えがうまくいかない問題、深刻なのは体が発達するチャンスがないことです。一番大切なことは、前頭葉を活発にする遊びをたくさん保障することです。乳幼児期から必要なプログラムをつくって、実践してほしいのです。

久保　自律神経系・内分泌系・免疫系のいわゆる防衛体力の機能から、脳の目覚めや興奮性・抑制性などの体の力を活性化し、そして、身体活動を豊かにしていくために、体育・スポーツの力を見過ごさないようにしていきたいですね。

正木　また、かつては幼児期にほとんどできていた閉眼接指（目を閉じて、両手の人差し指をつける）、これを「筋肉感覚」（私は「第七感」と呼んでいる）と言いますが、これが今は、ほとんどできないことがわかってきました。「五感」を鍛え、そして「第六感」を鍛え、さらに「第七感」まで鍛えられるような遊びがうんと必要ですね。

久保　よく「たくましい体とかしこい頭」というような言われ方をしますが、むしろ「かしこい体とたくましい頭」が必要だと言った方がいいかもしれませんね。

司会　文化や体のことをしっかりととらえ、体育・スポーツを進めていくためにも、学校における実践も問われますね。

4　障がい者スポーツの発展を

司会　先ほどスポーツの発展に寄与している学校体育の歴史的役割も出されましたが、学校の体育・スポーツに期待することをお願いします。

芝田　現場は障がいの重い子どもたちの指導で大変だとは思いますが、ぜひ、その子たちへの身体運動を創っていってほしい。特に重度と言われる人の楽しめる運動やスポーツが期待されますね。

正木　障がいのある人の取り組みを、障がいのない人も広く活用できるような運動遊びを創って、一般社会にも広めていってほしいですね。

久保　スポーツという間口をうんと広げて考えて、発達の幅のある子どもたち、異質集団で「みんなが・みんなで」楽しめる身体運動文化をもっともっと磨いていけば、学校で面白いことにいっぱい取り組めると思います。

司会　芝田先生が初代の会長として、１９７８年に発足した全国障害児体育研究連絡協議会（略称「障体研」）は今年で36年目になり、たくさんの実践が蓄積されてきました。３人の先生方の提起された視点での実践を、全国の学校や地域で、社会体育・スポーツなどあらゆるところで活用していってほしいですね。

5　今後を展望して

司会　この本の第1章でも、今、それぞれがんばって輝いておられる障がい者自身に、明るく希望の未来を語っていただいています。また、京都・大阪・東京、そして競技団体等の今日までの足取りと今後の展望が、第3章で大いに述べられています。みなさんのますますの発展を期待したいです。

それでは最後に、先生方から今後への展望・期待を一言ずつお願いします。

正木　日本では、子どもの身体についていろんな研究が進んでいて、世界でトップと言われている、その知恵を一般化してほしい。やる気を起こすため、「じゃれつき遊び」などを提唱してきましたが、子どもたちの目の輝きを見逃さず、障害のある子どもたちがスポーツで楽しんでいる事実を、いっぱい発信していってほしい。

司会　久保先生には今日のお話の理論的整理を第4章でしていただきますが、その点も含めてお願いします。

久保　どれくらい整理できたか自信はありませんが、障がい者の課題は、高齢者や男女共同参画、格差や貧困の課題と並んで、今後の社会の中ですべての人に共通するものです。スポーツの面でも、その発展はすべての人を包括する意義をもつものです。オリンピック・パラリンピックの同時開催は、その1つの方向性を示しています。すべての人にとって価値ある身体運動文化を発展させたいですね。

芝田　1昨年施行された「スポーツ基本法[*1]」は障

がい者のスポーツ保障についてしっかり述べています。卓球バレーやシンクロなど重い障がいの人もできるスポーツをもっともっと発掘していってほしい。障がい者自身はもちろん、障がい者の支援に関わる人もともに楽しみ、その輪を広げていきましょう。そのことが、２０２０年の開催形態につながっていくと思います。さらに、スポーツ行政の一元化（一般国民のスポーツは文部科学省、障がい者スポーツは厚生労働省となっているのを一元化する）、スポーツ庁の設置も検討されており、オリンピックとパラリンピックの「壁を少しでもとりはらう」（佐藤真海さんの提言）ことへの機運も熟しているのではないでしょうか。

司会　長時間にわたりご苦労様でした。国連における「障害者権利条約」[*2]を日本もようやく批准しました。国内法の整備はまったくこれからです。これは、ゴールでなく、スタートだと関係者は言っています。その具体化のひとつとも言える「オリンピック・パラリンピックのバリアフリー」も一つのゴールですが、むしろスタートです。障がい者スポーツの発展のために、今後もご支援をよろしくお願いします。ありがとうございました。

＊1　スポーツ基本法（平成23年法律第78号）は冒頭に「スポーツは、世界共通の人類の文化である」と宣言しています。基本理念で「スポーツは障害者が自主的かつ積極的にスポーツを行うことができるよう、障害の種類及び程度に応じ必要な配慮をしつつ、推進されなければならない」と、また全国障害者スポーツ大会に必要な援助を行うと述べています。

＊2　障害者権利条約ではその50か条を貫いているフレーズとして「他の者との平等を基礎に」という言葉が30数回も述べられています。一般国民との平等を謳っているこの条約の理念を生かすためにも、スポーツにおける具体化の1つとして「オリンピック・パラリンピックバリアフリー」は象徴的シンボルとしても実現するように進めたい。

第3章　障がい者スポーツの今、課題、未来

車いす駅伝　タッチの瞬間

1 笑顔・驚き・感動

障がい者シンクロナイズドスイミングの取り組み

日本障害者
シンクロナイズドスイミング協会会長
森田 美千代

プロフィール
1953年生、京都市出身。京都市立小学校・養護学校教諭として勤務しながら京都障害者スポーツ振興会のボランティアとして活動する。1983年より、障がい者シンクロの指導に関わる。この間、障がい者シンクロ普及のため、体験会・講習会の開催を続けると同時に指導者の養成、水泳関係学会等に出席しシンクロの紹介、研修会等で講師等を務める。現在、日本障害者シンクロナイズドスイミング協会会長。京都障害者スポーツ振興会副会長。

1 もっと泳げるようになりたい、楽しみたい

障がい者シンクロナイズドスイミングは、京都障害者スポーツ振興会が1982年秋から取り組んでいた水泳教室を終了した方々の「もっと泳げるようになりたい、水泳を楽しみたい」という願いから始まりました。

その水泳教室OBによる障がい者シンクロの発表が、1983年10月、第1回全京都障害者水泳大会のエキシビションとして行われました。この時から欠かすことなく大会でのエキシビションを続けてきています。

そして1988年10月、第24回全国身体障害者スポーツ大会京都大会の水泳の部開始式において、

障がいのある人とない人がともに演技するシンクロの演技発表を日本で初めて、おそらく世界でも初めて披露しました。演技する者は、音楽と仲間に合わせ自信に満ちた笑顔で自己表現を、観る者は、シンクロナイズドスイミングという種目が、こんなに楽しそうにできるのだという驚きを。

両者に共通するものは大きな感動でした。以後、シンクロの輪は広がり、今日に至っています。

2 シンクロを楽しむには

障がいのある方々とシンクロを始めた時、「技術を簡単にしたらできるだろう」と考えていました。しかし、一緒に取り組む中で簡単にすることが難しい。技術や泳ぎを簡単にしても障がいによってはできないこともある。

反面、障がいによっては練習しなくてもできることもある。人とかかわるのが苦手な人も、水や音楽があれば人とかかわりシンクロを楽しむことができるという体験から、メンバー一人ひとりの違いを理解し、できることを増やそう、作り出そうと考えました。

障がいを理解し、その人に寄り添うことを大切にしました。どうしたら、その人がシンクロを楽しむこ

チーム

とができるのか、一緒に考えながらやってくると大切にしなければならないことや「基本的な考え方」が整理されてきました。そして、それが多くの仲間に受け入れられ、「障がい者シンクロ」が広がっているのだと思います。

3 障がい者シンクロナイズドスイミングが大切にしていること

まずは、障がいのある方々にスポーツの場を提供すること。そして、以下の6項目を基本的な考え方として取り組んでいます。

①障がいのある人もない人も、男女、年齢にもかかわりなく、ともに障がい者シンクロナイズドスイミングというスポーツを共有する。

障がいがあるからスポーツはできないものと思っていた方もたくさんおられました。

メンバーの一人は「私は小児マヒで、学校の体育ではいつも見学。楽しそうにやっている友だちの荷物や鍵の番をしていました。シンクロに出会ってから、車いすや松葉杖の私も水に入れば自由に動ける、人に見てもらうなんてと思っていたけど、見せる楽しさ、見てもらう楽しさも味わうことができるようになりました」と言っておられます。

スポーツは、誰でも取り組むことのできるものでないといけないと思います。

②競技のシンクロナイズドスイミングとは、障がいによっては同じ技術ができない場合もあるが、めざすのは同じシンクロナイズドスイミングというスポーツ。

シンクロというスポーツは、誰でもができるすばらしい種目です。障がいの有無に関わることなくめざすことのできるものだと考えます。

③障がいがどんなに重度であっても、水の特性を利用し、ルーティンを泳ぐ。一人でできる人は一人で、難しい人はパートナーとともに泳ぐ。

水には、浮力（水の中では身体は軽くなる）・水圧（水深によって身体に負荷がかかる）・抵抗（空気に比べて大きい）・水温（空気より熱を伝えやすい）というような特性があります。

このような特性を最大限に利用しながら、パートナー（一人で水に入って動くことの困難な人と同じ演技者として支援しながら泳ぐ人）と、ルーティン演技（音楽に合わせて泳ぐ）をすることによって、障がいの有無に関わることなく、誰もがシンクロというスポーツを楽しむことができるのです。

④パートナーとの関係は、「介助してもらう、してあげる」という関係ではなく、ともに演技者である。

一人で水に入ることが困難な人も、一緒にプールの中で音楽に合わせて泳ぐのが「シンクロ」です。一人で入るのが難しければ仲間（パートナー）と組んで一緒に入ればすむことです。ともに演技者なのです。「障害者シンクロ」に介助者はいません。いかに美しく格好よく支援しながらシンクロ演技をするかは、パートナーの醍醐味でもあります。

また、一人で演技するのが困難な人も、パートナーを得ることで、できないことができたり、二人でしかできない演技を作ったりと、パターンを増やし、より創造的な演技を作り出すことができます。一人では味わえない共通の喜びをもつことができます。

⑤水に入ったことのない人も「やってみたい」がスタート。

一般にシンクロ選手というのは、泳げるようになってから始めるものです。しかし、私たちの仲間には、水に入ったことのない方もいます。「泳ぐ」というのは、水に浮いて呼吸（息継ぎ）しながら進む（移動する）ことです。

障がいによっては、これらすべてのことができるようになるのは大変難しいことです。浮くのが難しければ歩く。歩くのが難しければ、パートナーとともに歩いたり、浮かせてもらいながら移動すればよい。潜ったり、息継ぎするのが難しければ、潜らない演技をつくればよいのです。

まず、シンクロをやってみたいと思ったら、それがスタート。自分のできることからスタートすればよいのです。できることの組み合わせでルーティンをつくります。そして練習を続けていく中で、少しずつ浮く時間が長くなったり、顔をつけられるようになったりと、確実にできることが増えます。

シンクロ特有の技術や水中での回転も、時間もかけて練習することでできるようになっていくのです。継続は力なりです。

⑥自己の可能性に挑戦し、自己表現すること。

「シンクロなんてできない」と言っていた方も、できることが増え、「もっとやってみよう、私を見て！」と、自信をもつようになります。シンクロは障がいの有無に関わらず、自己表現の場をもつことができるのです。

4　未来に向かって～今後の展望

シンクロ大好きな仲間が増えてきたことから、「一堂に会して発表する場をもうけよう」と計画をたて、1992年、第1回障害者シンクロナイズドスイミングフェスティバルを開催しました。東京・群馬・石川・兵庫・大阪・京都から54名の参加。現在では、22都道府県にチームができ、毎年300名前後の参加となっています。

練習の成果を多くの人の前で発表する場があるということは目標となり、出場するということが意欲を高めることとなりました。迎える側は、出場者が最高の演技ができるようにと心がけ、準備をしています。

パートナーと一緒にデュエット

1つ目は、当たり前のことですが出場者を大切にする。演技の準備をするとき急がせない、プールサイドを時間がかかっても自分たちのスピードで移動し、演技発表をしてもらうようにする。

2つ目は、フェスティバルは、試合ではなく発表会なので、順位はつけません。出場者は自分たちの一番良い演技を見せます。その一つひとつの演技に対して、点数をつけるのでなく、講評をしてもらう。講評者は、日本のトップレベルのシンクロ指導者・審判員にお願いしようということ。実際に来ていただいている講評者は、元日本代表選手やオリンピックの審判をされたような方々です。同じシンクロスイマーとしてめざすのは同じシンクロなのです。そして心に残る演技に「ナイスシンクロ賞」という賞を贈ります。

3つ目は、スタッフも出場者と同じように、フェスティバルの参加者という気持ちをもって関わる。演技する者も支える者も、みんなで一緒にフェスティバルをつくろう！なのです。

①仲間を増やそう！

私たちはより多くの方々にシンクロを楽しみ、フェスティバルに出場してもらいたいという願いから普及活動に力を入れています。「やってみたいなあ」という声を聴けば、そこへ出かけて行き体験会や講習会を続けています。

指導者養成制度もつくりました。一度行った都府県には、必ずチームができ、次の年にはフェスティバルに参加してくれています。「まだまだシンクロらしくない、下手だし」と言われた時には「練習するつもりで参加しましょう。これは試合ではありません。練習の途中や成果を見せる場ですから」といって、出場することを薦めます。

自信がないと言いながらでも出場すると、見てもらう楽しさを味わい、もっとうまくなりたい、来年は〇〇チームみたいな演技に挑戦しようと目標をもち、練習を続けられるのです。そして、次の年も出場されるのです。

②そして世界へ

日本だけにとどまらず、世界中の障がいのある方々にもシンクロを楽しんでほしいとの思いから、水泳の国際学会で発表したり、日本水泳連盟シンクロ委員会から海外情報を得ながら、障がいのある選手を招待し、フェスティバルに出場してもらったりしています。フェスティバル参加者が増えることは、より多くの障がいのある方々がシンクロを楽しむこと、スポーツを楽しむことにつながると考え、今後も積極的にシンクロの輪が広がるように取り組んでいきたいと考えています。

障がいのない人、ある人、みんなでできるシンクロを、日本中へ、世界へ、もっともっと広げたい。

最後に詩を紹介します。「障がい者シンクロ」のすばらしさを感じていただければと思います。

水～私の想い～の詩の作者のソロ演技

水 ～私の想い～

尾崎真弓

静まりかえった水面　シンクロナイズドスイミング
一瞬の静けさ　ぴんとはりつめた空気
多くの人の視線　感じながら
私が動かすその手で　波紋はひろがり流れに変わる
私に集まる　みんなの歓声
こんなこと　今までないと思っていた　夢のような思い
わきおこる拍手　やり終えた充実感
私にもできる
歩くことさえ難しい私　でも水の中で
たしかに私は泳いでいる
人と合わせて一緒に動けるなんて信じられない
いつも遅れる私の時計が　今たしかに同じときを刻む
ああ　こんなにもうれしい
水の怖さが水への想いに変わり　私の不安はとける
たくさんの人に出会えた　かけがえのない出会い　水がつなぐ
心はあつく今　生きている　私の世界はひろがってゆく

水の中を泳ぎ舞う　シンクロナイズドスイミング
初めて見たフェスティバル　いろんな障がいもつなかま
だれもがみんな一緒　可能性は広がる
ソロ演技での発表　プールは私の舞台
私に集まるみんなの視線
こんなこと　今までないと思っていた　夢のような思い
わきおこる拍手　えも言われない達成感
私にもできる
思うように動けない私　でも水の中で
たしかに私は自由でいられる
みんなの前で主役を演じるなんて　信じられない
動かしにくい私の手が足が　からだが動いて心が語れる
ああ　こんなにもうれしい
水の怖さが水への想いに変わり　私の不安はとける
たくさんの人に出会えた　かけがえのない出会い　水がつなぐ
心はあつく今　生きている　私の世界はひろがってゆく

2 無限の可能性・魅力を さらに発展させよう

車椅子バスケットボール

NPO法人アダプテッドスポーツ・サポートセンター理事長
髙橋　明

プロフィール
NPO法人アダプテッドスポーツ・サポートセンター理事長、大阪体育大学客員教授。シドニーパラリンピック車椅子バスケットボール全日本チーム総監督。ライフワークとして、高齢者・障がい者のスポーツ振興と普及活動に情熱を注ぎ、企業や学校、PTA等への講演活動や地域福祉活動に取り組んでいる。

1「みんな一緒に楽しもう」が基本的な考え方

リハビリテーションの成果を競うスポーツ大会として始まったパラリンピック大会も半世紀が過ぎ、今では、プロとして活躍する選手も育ち、リハビリテーションから競技スポーツまで幅広い中で発展しています。障がい者のスポーツの行政所管も2014年4月から厚生労働省から文部科学省に代わり、また、2020年に東京オリンピック・パラリンピックの開催が決まったこともあり、障がい者のスポーツ環境は大きく変わろうとしています。

そもそもスポーツは、ちょっとした工夫で、みんなが一緒に楽しめます。例えば、中学生と高校生とでは、バレーボールのネットの高さが違います。柔道は体重別があり、ゴルフはハンディキャップがあります。このように、年齢や性別、形態、体力、技術等によって用具やルールを工夫して行ってきました。

「みんな一緒に楽しもう」というのが基本的な考え方です。脚の不自由な人も車いすに乗れば、激しい車椅子バスケットボールができます。このように、障がい者のスポーツは、障がいがあっても活用できる能力を生かしてプレーできるように考案されたスポーツ、各々に工夫したスポーツということからadapt（適応させる）という語を用いて「アダプテッド・スポーツ（adapted sports）」と称しています。もちろん障がい者のスポーツだけでなく、高齢者のスポーツ、子どものスポーツといった意味合いも、この名称には込められています。

このように、「障がいのある人のためのスポーツ」であった障がい者のスポーツは、「何らかの障がいのある人も行えるスポーツ」へと、その概念を変えつつ発展しています。ここでは、車椅子バスケットボールを紹介し、多くの方々にその概要を知っていただきたいと思います。同時に今後の発展の方向性を示したいと考えます。

２　車椅子バスケットボール競技とは？

⑴日本での歴史と動向

多くの障がい者のスポーツ競技団体が結成され、（公益財団）日本障害者スポーツ協会の競技団体協議会に登録している団体も増え、２０１２（平成24）年12月現在、59団体が登録しています。そして、毎週どこかで障がい者のスポーツ大会が開催されています。その中で日本で最初に組織化されたスポーツ競技団体が、「日本車椅子バスケットボール連盟（ＪＭＢＦ）」です。

１９６４（昭和39）年に開催された「第２回パラリンピック東京大会」から３年後の１９６７（昭和42）年に、そのパラリンピック東京大会に出場された、故浜本勝行氏（初代ＪＷＢＦ会長）らによって、わが国で初めての車椅子バスケットボールクラブ「東京スポーツ愛好クラブ」が誕生しています。その後、千葉や長野、大阪、大分、静岡などの労災病院や厚生年金病院、身体障害者施設に次々とクラブチームが誕生し、１９７０（昭和45）年から車椅子バスケットボールの全国大会が開催されています。現在では、大会名称を「内閣総理大臣杯日本車椅子バスケットボール選手権大会」として、毎年５月に東京体育館で開催されています。

１９７５（昭和50）年５月２日に、第２回パラリンピック東京大会に出場された選手や、日本での車椅子バスケットボール競技の普及に尽力してきた人たちによって、「日本車椅子バスケットボール連盟（Japan Wheelchair Basketball Federation=JWBF）」が設立され、同時に全国を10ブロックに分けた地方連盟が組織され、私も設立当初から近畿ブロックの評議委員として関わりました。

⑵世界での歴史と動向

車椅子バスケットボールの歴史は、国際的には二つの流れがあり、一つは、１９４５年ごろからアメリカの傷痍軍人の人たちが、自らが楽しむ車椅子スポーツとして、車椅子バスケットボールを始め、１９４９（昭和24）年には、全米車椅子バスケットボール協会が設立されています。

もう一つは、１９４５（昭和20）年ごろ、イギリスのストークマンデビル病院の医師グットマン博士（Dr.Guttmann）により、脊髄損傷者の治療法の一つとして、体育訓練に車椅子バスケットボールを採用したことによって始まりました。この二つの流れが、１９５０年代の後半に一つとなり、欧米を中心に車椅子バスケットボールが急速に発展しました。

そして、１９６０（昭和35）年にイタリアのローマで開催された「第1回パラリンピックローマ大会」から公式競技として採用され、現在も人気のあるパラリンピック・スポーツとして世界の多くの国で車椅子バスケットボールが行われています。

１９８８年には、国際車椅子バスケットボール連盟（International Wheelchair Basketball Federation=IWBF）も組織され、２０１４年現在80か国が加盟しています。また、夏季パラリンピックとの中間年に、世界車椅子バスケットボール選手権大会（愛称：ゴールドカップ）も男・女ともに開催されています。

(3)さらなる広がりと発展

このように車椅子バスケットボールは歴史もあり、常に障がい者スポーツの中では、知名度

も高く花形的な競技として発展してきました。最近では、人気漫画本にも車椅子バスケットボール選手が主人公に描かれていたり、実在する車椅子バスケットボール選手を主人公に映画が作られたりもしています。

また、学校等においては、児童・生徒たちが車椅子バスケットボール体験学習を行い、車椅子使用者の不便さや可能性を知り、障がい者を理解する人権教育にも広く利用されています。そして、2002（平成14）年には、障がいのある学生の呼びかけで、障がいのない学生たちも一緒に車椅子に乗り、「障がい者のスポーツ」としてではなく、「車椅子バスケットボール競技（愛称：イスバス）」として、車椅子バスケットボールを広めようと、全国車椅子バスケットボール大学選手権大会を開催して、今年で13回目を迎えます。

3 社会参加への手段とかけがえのない意義

車椅子バスケットボールが他の障がい者のスポーツよりも普及・発展してきた過程を考えると、リハビリテーションの手段にスポーツを導入する効果があげられると思います。

以前（1998年）に、交通事故やスポーツの事故、転落事故等で脊髄損傷になった車椅子バスケットボールの選手たちを対象に、「スポーツを行う効果について」アンケート調査をしました。その結果、身体的な効果として、障がい部位の機能向上・残存能力の向上・二次的疾病の予防・競技力の向上・体力の向上など、精神的な効果として、社会生活における自信と勇気・協調性の向上・ストレスの解消など、社会的な効果として、他の障がい者との理解と協力などがあがりました。

具体的には、「尿系統の病気が少なくなった」「排便がスムーズになった」「行動的になった」「体力がついた」「座位バランスが良くなった」「自信がつき仕事に復帰した」「ベッドやトイレへの移動が楽になった」「明るくなった」などの回答がありました。このように障がいを受容できるまでの期間や生きがいをもって生活できるまでの期間にスポーツを活用することは、大切なリハビリテーションになっていることがわかりました。

社会福祉法人大阪市障害者福祉・スポーツ協会が行った２００３（平成15）年度の研究調査事業「重度の肢体不自由者にかかるスポーツが果たす機能と役割について」の報告書（回答者１００名）の中でも、「障害者のスポーツは、重度の障害者における自立支援の一手段として非常に有効であることがわかった。スポーツは、選手に対して健康増進はもとより、障害受容を促すだけでなく、障害そのものを意識させなくなるほどの影響力をもち、また、自己決定権の尊重、自己選択権の行使、生活の質（ＱＯＬ）の向上といった、自立生活についての真の理解を促すことがわかった」とまとめています。

車椅子バスケットボールは、人と人とのふれ合いの中で、豊かな幸せを感じることのできる社会参加への一つの手段となっているのです。

４　重度障がい者も参加できる魅力とルールの主なポイント

車椅子バスケットボールは、基本的には一般のバスケットボールの競技規則で行われます。コートの広さやゴールの高さ、ボールの大きさも同じです。

①ドリブル

プレーヤーはボールを保持して、車椅子を2回までのプッシュ（こぐ）動作とドリブルを連続させ進むことができます。ということは、ダブルドリブルは、車椅子バスケットボールには適用されません。ボールを保持したまま3回連続で、車椅子をプッシュ（こいで）すると、トラベリングです。

②持ち点

大きな特徴は、各々の選手に障がい状況（残存能力と運動可動域）によって、1・0～4・5点の持ち点が決められています。障がいの状況が重い選手ほど持ち点は低くなり、コート内でプレーする5人の持ち点合計が14点以下でなくてはなりません。これにより、障がいの状況が重い選手も試合に参加することができるのと、お互いのチーム間の公平性が保たれます。

③車椅子について

選手が使う競技用車椅子には規定があり、大きい車輪の直径が69㎝以下、シートの高さは、円座も入れて1・0点～3点の選手は63㎝以下、3・5点～4・5点の選手は58㎝以下、またフットレストの高さは、床から11㎝以下となっています。

5 今後の課題と展望

2013年1月末現在、日本車椅子バスケットボール連盟に登録しているチーム数は、77チーム（男子70チーム・女子7チーム）６７９名となっています。ただ、このチーム数は毎年減少しており、チーム数の増加が日本車椅子バスケットボール連盟の大きな課題となっています。参考に、２００１年には、93チーム（男子88チーム・女子5チーム）１０７３名が登録していました。

減少している要因は、交通事故や転落事故が減少したこと、高齢で車椅子生活を余儀なくされている人は増えていますが、少子化との関連で若い障がい者が減少していることです。楽しむレクリエーションとして車椅子バスケットボールをしている人たちが登録しなくなったことがあげられます。そして、大きな要因は、病院等でのリハビリテーション期間が短くなったことがあげられます。過去には、病院やリハビリテーションセンターで、日常生活動作（ＡＤＬ）の訓練と併せてスポーツ訓練等も行われていたのが、保険適用がなく、早期退院を勧められ、障がいを受容できないままに在宅に戻ってしまい、積極的にスポーツに参加するモチベーションが下がってしまっていることなどがあげられます。

今後は、病院やリハビリテーションセンターとスポー

ツ施設の連携を密にし、情報交換をして、スポーツに関われる環境整備がされることが大切だと考えています。

また、今後、競技チームとレクリエーションチームとの協同的連携も模索していく必要があります。

6 みんなのスポーツとしての発想と可能性

本来、スポーツは音楽や絵画などと同様に、生活に潤いをもたらす文化的な要素をもっています。障がい者のスポーツもその国の文化だと考えています。文化を育てるには時間がかかりますが、障がいのある人とない人が一緒になって気軽にスポーツを楽しみ、交流ができたとき、スポーツを通したノーマライゼーション社会が実現すると思っています。

車椅子バスケットボールも選手たちが、自分の足でバスケットボールができないのなら、「私たちが座ることによって一緒に楽しめる」という発想の中で発展することが大切です。つまり、「障がい(disability)」ではなく、「能力(ability)」を見ることが大切です。

今後は、身近な地域で容易にスポーツ活動ができるようにしていかなくてはなりません。そのためには、従来の厚労省の所管である各都道府県の福祉センターや障がい者スポーツセンター、勤労身体障害者体育・文化施設、文科省の所管である学校や地域のスポーツ施設とも連携をとり、情報交換や情報提供をするとともに、障がい者も一緒に利用できる総合型地域スポーツクラブ等の育成が求められます。

ますます高齢化する社会の中で、障がい者・高齢者を含めた生涯スポーツの振興のいっそうの発展を図ることだと考えています。

3 ボッチャ～その魅力と未来～

大阪府立大学大学院・
総合リハビリテーション学研究科・
日本ボッチャ協会理事長

奥田邦晴

プロフィール
大阪府立身体障害者福祉センター附属病院に理学療法士として16年間勤務した後、１９９４年４月から大阪府立看護大学医療技術短期大学部講師として着任。現在、大阪府立大学大学院総合リハビリテーション学研究科教授。博士（医療福祉学）。主として、障がい者スポーツ選手のバイオメカニクス手法を用いた競技力強化および重度障がい者の社会参加支援に関する研究に従事。公益財団法人日本障害者スポーツ協会科学委員会委員、日本パラリンピック委員会医・科学・情報サポート推進委員会委員、日本ボッチャ協会理事長ほか、車いすバスケットボール、アーチェリー等のクラス分け委員を務める。

１ ボッチャ競技の歴史と概要

ボッチャは、皮革製の赤・青のボールを投球して、目標球である白のジャックボールに近づけるターゲットスポーツで、一見シンプルですが、非常に奥の深い競技です。主として重度の脳性マヒおよび筋ジストロフィーやＣ５～Ｃ６頸椎損傷のような、四肢・体幹に重度の機能障がいがある電動車椅子利用者、もしくは手動車椅子の駆動能力が非常に低い方を対象に、ヨーロッパで考案されたスポーツです。

２００８年に開催された北京パラリンピックで、日本は初めて出場資格を獲得し、４名の選手が参加しました。２０１２年のロンドンパラリンピックには５名の選手が参加し、２大会連続でパラリンピックに出場しています。

(1)ボッチャの歩み

ボッチャの歴史はまだ浅く、１９８４年のアイレスベリーパラリンピックで初めて紹介され、１９８８年のソウルパラリンピックで公式競技となりました。

当初はボールを投げられる重度脳性マヒ者のＢＣ１とＢＣ２の２クラスの選手だけの競技でしたが、１９９６年のアトランタパラリンピックから、ボールを投球することができない、より重度な脳性マヒ者も参加できるよう、ランプ、リリーサーなどの投球補助用具を使用し、競技アシスタントとともに競技に参加するＢＣ３クラスができました。

そして、２００４年のアテネパラリンピックからＢＣ１、ＢＣ２クラスに相当する脳原性以外の筋ジストロフィーや頸椎損傷のような、四肢・体幹機能障がいがある選手も参加できるようＢＣ４クラスが追加され、現在の４つのクラス[*1]に至っています。

競技は個人戦４種目（individual BC1・BC2・BC3・BC4）と団体戦３種目（pair BC3・pair BC4・BC1/BC2 team）の計7種目があり、すべての種目において男女の区別はありません。

日本では、１９９７年11月、全国にボッチャ競技を普及し、パラリンピックなどの国際大会で活躍できる選手を育成するために、日本ボッチャ協会が設立され、協会発足以来、日本ボッチャ選手権大会の開催や全国各地でボッチャの普及振興活動に努めるとともに、選手の発掘、育成、強化にも力を注いでいます。残念ながら、クラス分けでＢＣクラスに該当しない、より軽度の障がいであると判定された方はパラリンピックなどの国際大会に出場することはできません。

最近では、競技の特性や親しみやすさから、脳卒中後遺症や高齢者のボッチャ愛好者も増えてきており、軽度の障がい者も含め多くの人が参加できる大会として、日本ボッチャ選手権大会にオープンクラスの部が設けられ、障がいの程度に関係なくボッチャ競技を楽しめるようになっています。

⑵国際的組織について

２０１３年１月、国際統括組織は、国際脳性麻痺者スポーツ・レクリエーション協会（CPISRA）[＊2]加盟競技部門から国際ボッチャ競技連盟（Boccia International Sports Federation:BISFed）として独立しました。よりいっそうの競技スポーツとしての色合いが強くなっていくことや、対象選手を脳性マヒに限定せず、幅広い障がい者の選手に広げていく可能性も予想されますので、動向をよく見守っていくつもりです。

＊１：障がい者スポーツの大きな特徴の一つにクラス分けがある。クラス分けとは、スポーツに参加するすべての障がい者が、できるだけ平等な条件のもとで競技を行えるようにする１つの手段である。言いかえれば、障がいの軽い人たちのためだけのスポーツでなく、重度障がい者にも参加する機会を与えようとするシステムである。

＊２：CPISRA: Cerebral Palsy International Sports & Recreation Association

2　競技の進め方

(1)使用するコート・ボールとアシスタント

12・5m×6mの専用コートを用い（バドミントンコートと同程度の大きさ）、選手は2・5m×1mのスローイングボックス内でプレーします。白のジャックボールに、赤・青のそれぞれ6球ずつのカラーボールを投げたり、転がしたり、他のボールに当てたりして、いかに近づけるかを競い合います。重度の障がいのため、ボールを投げることができなくても、足蹴りなど身体の一部を使って投球することや、ランプやリリーサーなどの投球補助用具を使用し、競技アシスタントとともに競技に参加することも可能です。

ただし、ランプを使う場合、ランプを持つ競技アシスタントに選手が指示を出して、自分の意思を伝えることはできますが、競技アシスタントが選手に指示を出したり、会話によるコミュニケーションをとったり、コート内を見ることなどはできません。

(2)ゲームの進め方

次にゲームの進め方を説明します。

①コイントスで先攻、後攻を決め、先攻サイド（赤）がジャックボールをコートに投げ入れます。続けて、ジャックボールを投げた選手がカラーボール（赤）を投球します。ジャックボールはコート内であれば、どこに置いてもよいのですが、ジャックボール無効ゾーンに止まったり、コート外に出た場合は、相手側にジャックボールを投げる権利が移ります。

②次に相手側（青）が投球します。

③それ以降は、ジャックボールより遠い距離にあるカラーボールの側が投球します。カラーボールをジャックボールに当てて動かすことも可能ですが、ゲームの途中でジャックボールがコートの外に出た場合は、コート中央のクロスに置かれます。赤・青どちらが遠い距離にあるかは審判が判断します。

④両チームがすべてのカラーボールを投げ終わった時点で、1エンド終了です。エンドの勝敗は、ジャックボールに一番近いカラーボールの勝ちとなり、得点は相手選手のジャックボールに最も近いカラーボールよりも、さらに近い位置にある勝った側のカラーボール数が得点となります。

⑤2エンドは後攻サイド（青）のジャックボール投球から開始します。以降、奇数エンドは先攻（赤）、偶数エンドは後攻（青）のジャックボールで行い、同様のことを個人戦・ペア戦では4エンド、3人対3人のチーム戦では6エンド行います。

⑥投球するための持ち時間も、individual BC1は5分、individual BC2・BC4は4分、individual BC3は6分、pair BC3は7分、pair BC4は5分、BC1/BC2 teamは6分と決まっています。それ以外に団体戦では、1ゲーム、1チーム、1回の2分間のタイムアウトが認められています。

⑦すべてのエンドを終了した時点での赤・青の

得点を計算し、勝敗を決定します。同点の場合は、ジャックボールをクロスに置いた状態からタイブレイクを行います。

3 ボッチャの魅力 ～究極の自己実現めざして～

日常の生活ではほとんど介助を要し、食事も刻み食、移動はもちろん電動車椅子。これほどの重度の障がいがあっても、「ボッチャ」によってスポーツが可能になるどころか、パラリンピック選手にもなり得ることができます。

病院では患者、社会においては障がい者として見られがちな彼らが、ひとたびスポーツの場面ではヒーローであり、主人公であったりします。パラリンピック選手にでもなろうものなら、まさしく究極の自己実現を果たすことになるのかもしれません。

(1) 重度の障がいがあっても、世界でたたかう「アスリート」

以前、ポルトガルの世界選手権大会に、日本チームのクラス分け担当兼介護者で帯同した時の話です。目を見張ったのは、一人のBC3の選手でした。日常生活のすべてにおいて全介助を要する重度の脳性マヒである彼は、言葉もほとんど発することができず、表情やアイコンタクトで意思疎通を図っていました。10時間以上に及ぶ長旅では座り続けていることが困難で、あえて2席を確保し、横になるスペースを設けたりもしていました。食事もミキサーをかけたり、はさみで刻んだものを食していました。

ところが、いったん試合になると、他の海外選手に優るとも劣らず、目をらんらんと輝かせ、1時間以上に及ぶ試合を日に何試合もこなします。ただ、試合が終わればすぐにマットに寝かせ、コンディショニングと休息をとる必要があり、医療専門職の私から見ても痛々しいものでした。

この彼の壮絶とさえいっても過言でない「アスリート」としての凄みを肌で感じたことは、私にとってボッチャが、競技スポーツであることをいっそう強く印象づけた出来事でした。

(2)新たな発見と自立へ

スポーツは、障がい者が自己責任のもと、主体性をもち、生き甲斐を感じながら自立した生活を送るための一助となります。スポーツへの参加によって、選手は新たな自己を再発見・再認識することができるだけでなく、自己および他者の存在や役割を客観的に理解し合うことができます。

自己決定権の尊重、自己選択権の行使、QOLの向上といった自立の基本的な概念ときわめて類似する考えを、意識的ではなく自然に促進されるのもスポーツのすばらしいところです。

⑶最高の自己決定スポーツ、ボッチャ

ボッチャは自己決定、自己責任のスポーツです。競技に関するすべての過程を、自身の意思で行います。自分でもできるんだという達成感とともに、ペア戦やチーム戦では、仲間の能力を信頼し、ここぞ、というときに投球をゆだねたりします。選手同士が同じ目線で互いの能力を信じあい、高めあうこと、これこそ究極のエンパワーメントモデルであると言えます。

北京パラリンピックで入賞したＢＣ２クラスの選手の話です。予選ラウンドのリーグ戦で２連勝し、最後のカナダの選手と決勝ラウンド進出をかけて対戦しました。相手は世界ランクで圧倒的に彼より上に位置し、厳しい戦いが予想されました。

元々自分の考えをはっきり口にせず、どちらかというとネガティブな思考に陥りがちだった彼が、必死に相手にどうすれば勝てるのかをコーチと一緒に考え、彼自身が導き出した答えは「攻撃的に守り勝つこと」でした。

彼は障害の特性からオーバースローでしか投球できません。オーバースローではボールの強弱をコントロールするのが難しくなります。そのために彼は、６球のカラーボールすべての柔らかさを変えて、あえてコートの端まで届かないくらいの柔らかいボールも使い、相手の投球コースをふさぐ作戦で勝負に臨みました。

結果は大当たり、エンド獲得数では相手に及びませんでしたが、一つのエンドで大量得点をあげた後は、必死の守りで決勝ラウンド進出を決めました。決勝ラウンド進出を決めた彼は、それまでの自分の殻を破り、自信をつけることができました。

(4)英国戦での活躍と教訓

また、これは２０１０年の世界選手権の時の話ですが、BC1/BC2 Teamで、日本は、その当時、圧倒的な強さで世界ランク1位に君臨していた英国と予選ラウンドで対戦することになりました。会場の誰もが英国が勝つと予想していました。日本チームは本気で英国に勝つための戦術や役割分担、チーム一人ひとりがなすべきこと、できることをみんなで考えていました。そこにはお互いを尊重する姿勢がありました。

いざ試合開始。それまでのゲームにおいて定石のジャックボールの置き方を変えた戦術で勝負に出た日本に、対戦相手の英国はおろか、会場のすべてが「単なる奇襲」と最初は思っていたはずです。しかしそこには、相手についての分析の裏づけがあってのこと、それが見事に的中し、終盤まで日本がリードする展開となりました。この展開に、英国には明らかに焦りが見え、会場の雰囲気も「日本が勝つんじゃない？」という雰囲気になり、コートの周りに人だかりができていました。

この時の雰囲気を、帯同したコーチからは「とても心地よい時間だった」と聞いています。最終的には英国の底力に屈し負けましたが、試合終了後に、世界中の選手やコーチから日本に賞賛の拍手が送られ、日本のボッチャが世界に認められた瞬間でした。選手たちは負けはしましたが、相当な自信をつけたのだと思います。このことが翌年のワールドカップ銀メダル獲得につながったと思っています。

(5)一瞬を輝く、究極のスポーツ

日本選手権大会本大会での話です。本大会へは、同年度の予選会の勝ち上がり選手と前年度の本大

会での上位入賞者がシード選手として参加し、競技が行われます。進行性疾患の彼は、前年度の本大会上位入賞者で、シード選手として本大会に出場しました。

前年度の本大会では手投げのＢＣ４のクラスでエントリーし、上位入賞を果たした彼だったのですが、１年を経過したこの大会では、症状が進行し、自身ではボールがほとんど投げられないようになっていました。ただ、シード選手なので前年度と同様のＢＣ４クラスで出場しなければならず、本大会であったにもかかわらず、実際の競技ではボールを自分の前にポタポタ落としてしまう状況でした。

これでは試合になりません。観客席を含め、それまで賑わっていた体育館が静寂に包まれ、みんな固唾をのんで彼の投球を見つめていました。当然、すべてのエンドを相手選手にとられ負けてしまいましたが、後に聞いた話で、私は目頭が熱くなりました。

彼は、その試合の状況をお母さんにビデオで撮ってもらうように依頼していました。彼自身こういう状況になることは十分予想できていましたが、なかなか障がいの進行を受け入れられず、試合終了後、お母さんから手渡されたビデオで自分の投球の姿を確認して、これからはランプを使ってＢＣ３クラ

スで一から頑張ると、やっと再出発することへの踏ん切りをつけたそうです。

先に見える自身の障がいの深刻さを受け入れ、アスリートとして再起していく彼のすごさに、ボッチャ競技の壮絶さをあらためて認識させられるとともに、協会運営者として、そして、クラス分け担当者として、その責任の重さをあらためて実感しているところです。

４　魅力を全国へ、飛躍をめざして

⑴　選手の発掘と地方大会を、全国ですすめよう

現在、日本ボッチャ協会へは２２０名の選手が登録していますが、主に関東および大阪、兵庫に集中している一方で、九州では10名、四国に至っては０名といった、地域格差が非常に大きい状況です。また、都道府県ボッチャ協会も17都道府県にあるのみで、まだブロック大会を開催することも難しく、協会が主催する大会としては日本選手権大会予選会および本大会の２大会のみの開催しかできていません。

しかしながら、全国各地でボッチャを楽しんでいる方は多く、支援学校や福祉施設などでレクリエーションとしてのボッチャを行っていることなどをよく耳にします。潜在的なボッチャ選手の発掘と育成に取り組み、全国の多くの選手の中からパラリンピック代表選手を選出できる環境整備を行っていく必要があります。

⑵　正式競技への実現を

実は、ボッチャはまだ全国障害者スポーツ大会の正式競技にはなっていません。各都道府県の障害

者スポーツ協会や指導者協議会の協力のもと、一日も早く全国にボッチャ協会を設立し、全国障害者スポーツ大会正式競技化の実現をめざすことが必要です。また、正式競技化をめざすにあたり、国際大会で活躍できる選手の発掘を目的とする一方で、より多くの方々にボッチャを知っていただくよう、パラリンピックや世界選手権大会とは異なる対象者での大会を想定しています。

すなわち、脳卒中などの高齢障がい者や内部、精神障がいの方々をもその対象とした大会を目標とするつもりです。そのためには、全国的に共通したルールを日本障害者スポーツ協会と協議を重ねながら構築し、全国に発信し、それらの理解と振興を図らなければなりません。それと合わせ、ボッチャを行うための、良質でかつ安価なボールやランプなどの用具の開発や情報提供を推進し、障がいの種類や重度さに関係なく、誰もが気軽にボッチャを楽しめる環境づくりを行っていかねばなりません。

(3) 2020年東京パラリンピックにむけて

ボッチャの対象が主に重度の障がい児・者であるがゆえに、介護者の支援は必要不可欠なものにな

ります。そのような中で、国際大会をめざすような選手には、ぜひ、アスリートとしての自覚と少しでも上位をねらう強い意志をもって、惜しみない日々の努力をしてもらいたいと思っています。

選手の親離れはもとより、両親には可愛い子には旅をさせながら、選手自身の自立感と自覚を高めていくような関わりをしていっていただけたらと思っています。ボールを一球投げるたびに、観客席の両親の顔を探すようなことをしていては、世界で勝てるはずがありません。勝つという快感を味わってもらいたい。負けることで悔しさを覚えたり、痛みがわかることも大切ですが、人は勝つことでより一層大きくなれます。このように、ボッチャを通して選手や周囲のさまざまな人たちの考えや気持ちが、成熟していってくれることを期待します。

ボッチャは競技スポーツゆえに、国際大会ではルールの盲点を突いた奇策や度が過ぎるほどの改良を加えたお手玉のような柔らかすぎるボールを使用していたり、いろいろなことを目にする機会がありました。決して強くない日本がえらそうに言える立場ではないのですが、日本は正々堂々、自立を重んじたスポーツ「ボッチャ」の神髄を大切にしながら、２０２０年東京パラリンピックの表彰台を夢見て、直球勝負でたたかっていくつもりです。

4 誰もが輝くことのできるスポーツ、ハンドサッカーの魅力と今後の展望

日本ハンドサッカー協会事務局員・東京都立特別支援学校教諭
田中　顕一

1 ハンドサッカーとは

ハンドサッカーは、東京都の肢体不自由特別支援学校（当時の養護学校）で約30年前に考案された球技です。当時から肢体不自由特別支援学校には非常に重い障がいのある子どもたちが多数在籍しており、障がい者スポーツを含めた既存の球技には、彼ら全員が主体的に参加することができる種目がほとんどありませんでした。また障がい者スポーツは、基本的に障がい種別や程度により各競技の対象者が定められていますが、肢体不自由特別支援学校の在籍者は多様な障がい状況にあり、身体機能においても認識面においても非常に幅の広い集団であるため、既存の競技では「みんなでプレーする」ことが困難でした。

各校の教員は自校の子どもたちに「チームスポーツ」「球技」を体験させてあげたい一心でオリジナルの競技を考え指導していました。そして約30年前、東京都の体育科研究会において各校の実践が報告され、都立府中養護学校（現都立府中けやきの森学園）の「府中サッカー」を原型にルールを確立・

共有し、ハンドサッカーが生まれました。競技名には「手を使える子は手で（＝ハンド）、足を使える子は足で（＝サッカー）プレーし、活躍する」という当時の教員の想いが込められています。

ハンドサッカー競技規則序章には、競技理念が次のとおり示されています。

「ハンドサッカーとは、既存の競技では十分に対応しきれない様々な実態の障がいのある子どもたちに合わせ、活躍の場を広げ、個々の能力を引き出し、心身を健全に育成するために考え出された競技である。ハンドサッカーの選手および指導にあたる者はこの根本に流れる精神を大切にし、競技・指導に努める。（以下略）」

ハンドサッカーは、すべての選手が自身の課題に向き合い、もてる能力を発揮してプレーに参加できるように、各選手に応じた合理的な配慮を可能とする競技規則をもち、競技性と教育的観点のバランスのもとに成り立っているスポーツです。画一的なルールに選手を当てはめるのではなく、選手自身及び選手の身近にいる指導者（教員）が当該選手の障がい状況やプレーにおける最近接課題を考慮し、ポジション・プレー方法・シュート方法について決めることができる規則上の自由度があるため、多様な障がい状況にある選手たちがともにプレーすることが可能となっています。

また肢体不自由校の体育の指導では、子どもたちに重い心身の障がいがあることから、成功体験を重視するあまり、難易度の低い課

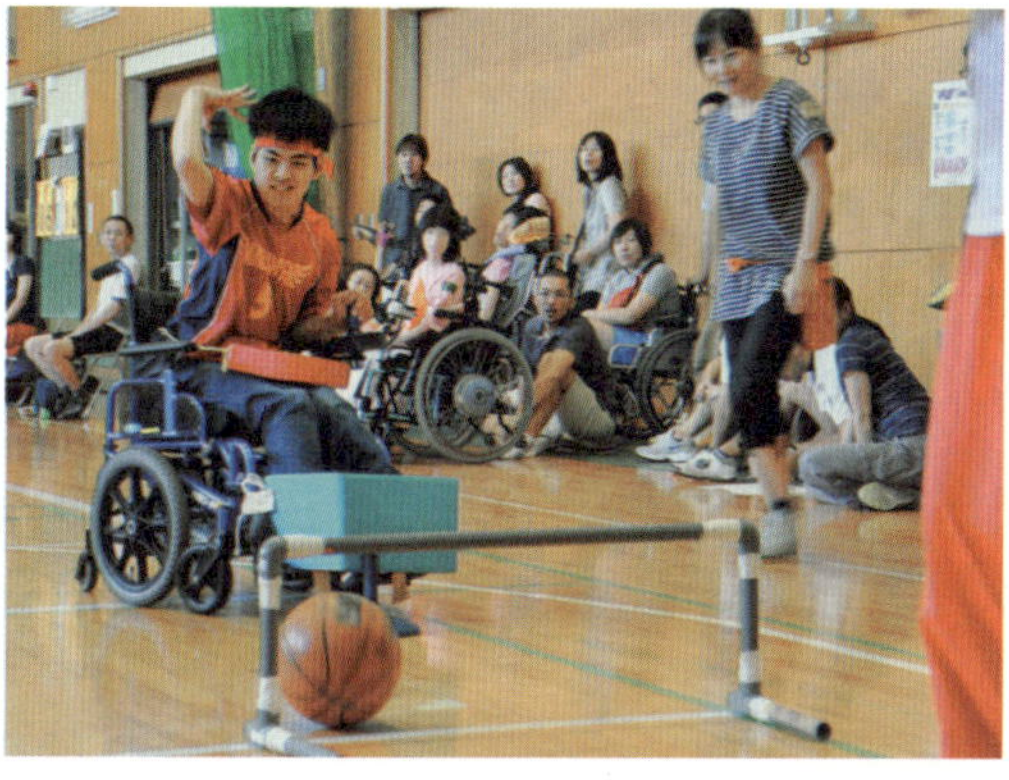

題ばかりに取り組んだり、勝敗にこだわらないレクリエーションスポーツが中心になったりと、若干、過保護になってしまうことがあります。しかし障がいの有無・程度に関係なく、失敗したり試合に負けたりして、悔しい気持ちや悲しい気持ちを経験することも子どもたちの全人的発達においては大切なプロセスです。その気持ちを「もっとうまくプレーするために頑張ろう」「大会で試合に勝とう」というモチベーションにつなげて練習し、その結果よいプレーをしたり、試合に勝ったりした時に得られる達成感や充実感によって、子どもたちは大きく成長します。「障がいの有無・程度に関係なく、子どもたちが競技性の高いスポーツにおいて友だちと切磋琢磨し、対戦相手と競う中でたくましさを育む」ハンドサッカーはこうした願いをもとに考案されたのです。

2　ハンドサッカーの歴史

東京都の体育科研究会での議論を経て、１９８９年、都内2校の交流試合として東京都肢体不自由養護学校（現特別支援学校）ハンドサッカー大会は始まりました。年々参加校は増え、２０１５年2月14日に駒沢オリンピック公園総合運動場体育館で開催される第26回大会には、都内の都立・国立肢体不自由校全18校が参加予定です。

この大会は子どもたちにとって高校野球の甲子園のような存在であり、大きな目標となっています。当初、大会の運営は公務でなく、多数の教員がボランティアとして携わっていましたが、２００２年に東京都肢体不自由養護学校体育連盟（現東京都肢体不自由特別支援学校体育連盟。以下、都肢体連）が発足し、選手は部活動として参加し、教員は公務として運営業務を担うことができるようになりました。

歴史が長くなるにつれ、卒業生たちが高等部卒業後にもプレーできる環境を求めるようになってきました。卒業生はクラブチームを結成して活動するようになり、２００８年には卒業生の大会が開催されるまでになりました（２０１３年の大会は９チームが参加）。今年で第７回となる卒業生の大会は、卒業生自身が実行委員会を発足させ、企画・運営をしています。

２００９年、日本ハンドサッカー協会が発足しました。都肢体連は在校生のための指導、大会運営がメインとなるため、日本ハンドサッカー協会は生涯スポーツの観点から卒業生の活動の支援、そして都外への普及・啓発活動を担うこととなりました。

近年、さまざまな研究会や書物等でハンドサッカーは紹介され、都外の教育関係者からも関心が高まりつつあります。指導者・審判の講習支援を経て、２０１１年に茨城県の肢体不自由校において県大会が開催され、２０１２年には栃木県立のざわ特別支援学校が茨城県大会にエキシビションとして参加するなど、ハンドサッカーの輪は着実に広がっています。

このような実績が認められ、２０１３年、スポーツ祭東京２０１３全国障害者スポーツ大会のオープン競技に採用されました。東京都の現役生代表４チーム、卒業生代表２チーム、茨城県特

別支援学校合同チーム、栃木県立のざわ特別支援学校の計8チームが参加し、初の全国大会を開催することができました。

3 ハンドサッカーの今後の展開

「みんなが一緒にプレーができ、重い障がいのある選手も自身の力を発揮して役割を果たせる」競技理念にもとづいて育んできたハンドサッカーの魅力は、プレーする選手、指導者、観客に確実に伝わり、さまざまな展開を見せ始めています。現在、日本ハンドサッカー協会では、東京パラリンピックでのオープン競技開催も視野に入れながら、2014年度については、埼玉県や大阪府で講習会を行うなど、全国への普及・啓発活動に取り組んでいます。

「重度障がいの生徒が多いので、運動は勝敗など関係ないレクリエーションで」と考えている先生方、「運動は苦手」「スポーツは嫌い」と思っている肢体不自由の子どもたち、「うちの子には集団スポーツは無理だから」とあきらめている保護者の方々に、ぜひ一度ハンドサッカーを見ていただきたいです。日本全国にハンドサッカーの輪が広がり、より多くの障がい児・者がチームスポーツの楽しさを感じることができるよう、日本ハンドサッカー協会*は微力ながら取り組みを進めていきたいと考えています。

*日本ハンドサッカー協会ホームページ　http://handsoccer.jimdo.com/
大会情報や競技規則、競技紹介、ＤＶＤ販売などを掲載。

*第1章9にハンドサッカーで登場している和田旺さんは、ここで紹介している選手として活躍しています。

5 地を這うような42年間の取り組み

京都障害者スポーツ振興会のささやかな実践

京都障害者スポーツ振興会顧問
芝田　徳造

京都障害者スポーツ振興会は、今年（２０１４年）で創立42年目を迎えます。この間、延べ10万人を超える会のスタッフやボランティアが、地面を這い回るような泥臭い実践を続けてきました。また、創立以来の会の基本理念は、「スポーツの輪を広げる」（スポーツの恩恵に浴していない人々に、スポーツの素晴らしさを伝える）と「スポーツの高度化の推進」（競技スポーツを通じて人間の可能性を追求する）の両立でした。そして会発足以後、振興会の活動は「スポーツの輪を広げる」活動、すなわち障がいの重い人々や高齢の障がいのある人々に、より重点を置いた42年間でもありました。そして、その典型が次に述べる「心身障がい者スポーツの集い」や、別に報告される「卓球バレー」（本章６）「障がい者シンクロナイズドスイミング」（本章１）等です。以下に、会発足の経緯やその後の取り組みの一部を紹介します。

京都府立体育館が後押し

１９７１年10月10日　京都市北区に京都府立体育館が竣工しました。同体育館は計画段階から障がいのある人々の利用を前提に器具等も準備し、開館と同時にその積極的利用が提起されました。しかし、当時の京都にはその受け皿となる団体がなく、障害者団体・障害児学校・父母の会等14団体が集まり、２回の準備会の後、同年11月末「全京都心身障害者スポーツ振興連絡協議会」（現在の京都障害者スポーツ振興会）が設立されました。

そして、同体育館と振興会が共催して開催し始めたのが、「心身障がい者スポーツの集い」です。翌年２月から毎月第１日曜日（現在は第２日曜日）午後に開催し、現在までに41年間４９３回実施し、参加者は延べ５８２４３名、スタッフ・ボランティアは１万人を超えています。実施内容は、ミニサーキット・トランポリン・ボッチャ・輪投げ・簡易ボウリング・ふうせんバレー・低ゴールのシュート遊び・バドミントン・卓球・卓球バレー・エアーライフル・車椅子スラローム・車椅子ハンドボール・簡易バスケットボール等を２回に分けて準備し、参加者は好きなスポーツを選んで、次々に実施するというものです。

来年（２０１５年）５月には「スポーツの集い５００回記念行事」を盛大に開催すべく、現在検討が重ねられています。なお、毎回の「集い」実施に際しては、１週間前と当日午前中、また終了後に必ず「スタッフ・ミーティング」を行い、実施内容の検討と反省のうえ、次回実施する内容と日時を決定します。筆者は学生時代から40年間「集い」を実施し続けたリーダーの辻井武さんと、これを支えた約20名のスタッフに、心からの敬意を表するものです。なお、この「集い」は現在、丹後、丹波、城陽、乙訓の各「集い」、伏見港公園「水泳の集い」へと発展しています。

また会発足後約10年間は、府立体育館の器具をレンタカーに積み込んで、府下を回る「巡回スポーツ教室」も実施しました。このように振興会発足当初は、府立体育館の強力な支援のもとでの幸運な活動でした。そして、今も続けられている「スポーツの集い」は、京都の障がい者スポーツの原点でもあります。

「国際障害者年」と「全国身体障害者スポーツ大会」の到来

幸運はさらに続きます。1981年、国連の提唱による「国際障害者年」が始まり、そのテーマが「すべての障害者の〝完全参加と平等〟」とされたのです。また、障がい者を含む社会的弱者と健康な一般市民が、力を合わせて〝共に生きる〟社会づくりを目指す「ノーマライゼーション運動」がわが国にも紹介されました。私たちはこれを最大限に活用し、スポーツにおいても〝完全参加と平等〟が保障されなければならないと、あらゆる機会を通じて訴え続けました。

さらにタイミング良く、その前年に、1988年の「京都国体」の開催も決定しており、当然同国体終了後には「全国身体障害者スポーツ大会」も開催されます。私たちはこれこそ京都の障がい者スポーツ発展の一大転機になると考え、全力を挙げてその準備に取り組みました。「国際障害者年」と「全国身体障害者スポーツ大会」の同時到来は、私たちにとってまさに〝錦の御旗〟となりました。

京都府・市も特別の予算を組んでくれ、１９８１年から「国際障害者年記念」「全国身体障害者スポーツ大会準備」と銘打って、京都では初めての陸上・卓球・水泳・洋弓の競技会を開催し始めました。他の先催県がせいぜい３～４年前からの準備に対して、京都では8年も前から取りかかれたのです。

さらに本大会でも、従来の画一的な開催方式を改め、「京都らしさ」を打ち出すべく種々の試みもしました。それが、重度障がい者のための電動車椅子スラロームとビーンバッグ投げの採用、京都が最初の障がい児者と父母・教師・ボランティアが協力してのマス・ゲームの実施、全国初の公開競技（卓球バレー・車椅子駅伝）の開催、これも京都が最初の開会・閉会式での選手・役員への椅子の提供等だったのです。これらはその後の大会でほぼすべてが実施されています。

「マスゲーム」の実施により、従来は観覧者の位置しか与えられなかった重度障がい児者や知的障がい児者約１５００人に、「50年に一度の大会」に参加していただきました。また、「車椅子駅伝」を実施することにより、枠外選手への参加保障とともに、沿道で観戦する多数の京都市民に〝障がいのある人の潜在能力の高さ〟を実感してもらうことを通じて、障がいのある人への正しい認識にも近づいていただいたと思っています。

なお、同大会を記念して、翌年から「愛とふれあいの京都大会記念・全国車椅子駅伝競走大会」も開催され始め、今年で25回目となります。同駅伝は全国高校駅伝・全国女子駅伝とともに、京都の３大駅伝としても定着しつつあります。さらに同駅伝事務局の名目のもとに、専従職員２名の京都障害者スポーツ振興会事務局も設置されることになりました。これも画期的なことです。

また、同大会の翌年からは、京都府・市のスポーツ大会に、従来参加できなかった知的障がい児者にも、正式に参加してもらっています。その時点では、これも全国で、京都だけでした。

以上のように、「国際障害者年」と「全国身体障害者スポーツ大会」は、京都の障がいのある人々のスポーツを、大きく前進させたと言えます。

京都市障害者スポーツセンターの建設

前記、国際障害者年の４月、ＫＢＳテレビが同障害者年を記念して、30時間のテレソン（テレビマラソン）を実施しました。特別ゲストに宮城まり子さんを招き、テーマは「京都に障害者スポーツセンターをつくりましょう！」というものでした。そのなかで故船橋市長が助役を通じて、それを約束されたり、集まった義援金数千万円が京都市に寄託されたりしました。さらにこれがきっかけで、今川市長から京都市社会福祉審議会・児童福祉審議会へ、「京都市における障害者スポーツのあり方について」の諮問が行われ、その答申案作成の作業班を振興会が引き受けたのです。

私たちは３年がかりで、これを仕上げました。その過程では、各種障害者団体・施設等へのヒアリング・アンケート調査・他施設の見学・班員による欧州調査等を行いました。そして最終的に「障害者スポーツの振興のためには、〝拠点としてのスポーツ施設〟がどうしても必要」との答申を行いました。そして前記１９８８

年の全国身体障害者スポーツ大会とも重なり、トントン拍子にことが進み、左京区高野の元京都市バス駐車場跡に「京都市障害者スポーツセンター」が建設されたのです。

同センターは今年で創立26周年目にあたり、毎年百数十万人の利用者のある京都の障がいのある人々のスポーツの拠点として、また振興会の活動拠点としても重要な施設となっています。

おわりに

現在、振興会は39名のスタッフと登録ボランティア148名で、全京都障害者総合スポーツ大会（卓球バレー・陸上・水泳・卓球・洋弓・フライングディスク）・全京都車椅子ハンドボール大会・全京都車椅子駅伝・全国車椅子駅伝・シンクロナイズドスイミングフェスティバルを主催し、日本視覚障害者マラソン京都大会、京都市精神障害者バレーボール大会の支援、前記各スポーツの集いの開催、全国障害者スポーツ大会に出場する京都府・市選手の練習指導と大会本番での指導、初級障がい者スポーツ指導員研修会の実施、府下市町村障がい者スポーツ大会の支援等を行っています。

以上、振興会設立の経過や活動の一部をご紹介しました。冒頭にも述べましたように、それはささやかでつたない実践ですが、振興会のスタッフとボランティアのみなさんが試行錯誤しながら、必死に実施したものです。

今後も障がいのある人々やご家族の気持ちに寄り添いながら、常に「共に生きる」観点に立ち、重い障がいの人々を常に視野に入れながら、より多くの障がいのある人々のスポーツ権の保障に少しでも役立つ振興会として、努力を続けることをお約束して、ご報告を終わります。

6 卓球バレーの普及活動について

日本卓球バレー連盟 副会長・普及委員長
堀川　裕二

現在、日本卓球バレー連盟の普及委員会として取り組んでいる活動の大きな柱は「指導者の養成」と「全国障害者スポーツ大会におけるオープン競技の実施」の２つです。

まず指導者の養成ですが、当初大分県から始まった「卓球バレー指導者」の養成が、次第に九州・山口へと広がり、後の「西ブロック」の設立につながりました。この「卓球バレー指導者」は、①卓球バレーの普及、②選手やチームの育成、③県レベルの試合の審判などを目的としています。卓球バレーの全国的な普及のためには、卓球バレーの理解者をどれだけ多く育てるかが大切だと思っています。

東日本大震災の直後、福島県の障がい者スポーツ関係者から「避難所でもできる卓球バレーに取組みたいので用具を送ってほしい」と連絡が入りました。サウンドボールやネットは専門の業者に寄付していただき、ラケットについては大分県内の高校で作ってもらい、福島県と仙台市の障害者スポーツ協会に贈らせていただきました。みんなに笑顔が戻ったと大変喜んでいただきましたが、その半年後に今度は「指導者を養成に来てほしい」との要請がありました。それ以来、東北に何度も足を運び６県合計で１４７名、そしてその途中で声をかけたこともあって、関東の３県（栃木・茨城・埼玉）でも

92名の指導者が誕生しています。

狭い場所で多くの人が楽しめる卓球バレーは、寒冷地で好まれる傾向が強く、新潟や北陸3県でも積極的に取り組まれ、すでに富山県では東日本初の県協会も発足しました。県協会が発足すると、普及委員会が認定した指導者は、県協会認定の指導者にスライドさせます。それによって指導者のみなさんは地域を中心とした普及や強化の活動の一端を担うことになります。地方を大切にした競技団体であることが、今後の日本卓球バレー連盟の発展には欠かせない考え方だと確信しています。

一方、1988年の第24回全国身体障害者スポーツ大会（京都大会）で公開競技（現在のオープン競技）として開催された卓球バレーでしたが、当時は身体障がい者しか正式競技に参加できなかったこともあり、公開競技では「より多くの障がい者の参加」に主目的がおかれ、「競技の普及」にはつながりませんでした。それからちょうど20年後の2008年に開催された第8回全国障害者スポーツ大会（大分大会）でオープン競技として復活し、その会場で日本卓球バレー連盟が発足しました。そして3年後の山口大会でも開催され、一気に全国にその名を知

られるようになった卓球バレーは、２０１５年の和歌山大会、２０１６年の岩手大会でのオープン競技実施が決定し、その後のいくつかの大会でも実施が検討されています。

最近では「早く正式競技になるといいね」と言われることが多くなりましたが、今の全国障害者スポーツ大会のシステムでは正式競技にしたくありません。確かにオープン競技の実施は一年契約、そして大会側からの運営費はありませんが、正式競技になって失われるものの方が多いと思います。「県内や近隣の都道府県から多くのチームや指導者が参加し、運営する」という、そんなオープン競技が私は大好きです。とは言え、今後オープン競技を開催する県の関係者の負担を軽減するために、助成金等による資金づくりの努力も大切です。

さて、２０１１年に50年ぶりに改定されたスポーツ基本法やその後のスポーツ基本計画の中では「障がいのあるなしにかかわらず」すなわち障がい者のスポーツへの取り組みが明言されています。今後は、単に障がい者スポーツの一競技としてだけではなく、ユニバーサルスポーツの代表格として、子どもから高齢者まで幅広い層を対象とした卓球バレーの普及活動と日本連

盟の運営を展開していかなければなりません。

最後にブラジルでの普及活動について付け加えさせていただきます。6人のブラジル人が太陽の家を見学され卓球バレーを体験したことをきっかけに、2013年10月に初めてブラジルを訪れました。6日間という短い滞在でしたが、サンパウロとゴイアニアで4回の体験会を行いました。そして、最後にパラリンピック開催を控えたリオデジャネイロの組織委員会を訪れた時に面会したアンドリュー・パーソンズ会長から、「せっかくパラリンピックをするのだから、一部の競技スポーツだけに終わってはいけない。より多くの障がい者がスポーツに取り組める環境をつくらなければ意味がない」と意気投合しました。

そして2014年8月、今度は3週間の日程で同じ3都市を回り、4回の指導者養成講習会（約60名を認定）と10回の体験会を実施しました。そして、福祉関係や日系関係者を中心に多くの団体等を訪問し、卓球バレーが世界で受け入れられることを確信しました。

7 最重度の障がい児者にも活用可能なハロウィック水泳法（Halliwick）

～重度の障がい児者への世界最高の水中療育法～

日本ハロウィック水泳法協会（Halliwick）会長
芝田　徳造

1 HALLIWICK CONSEPTとの出会い

１９８３年４月から7月の４か月間、筆者は障がい者スポーツの実施状況を調査するため、ヨーロッパ12か国を訪問し、各国の障がい者スポーツ連盟（協会）を始めとする約60か所（障がい者スポーツ団体、同施設、指導現場等）で、各国の現状を視察してきました。

各国での調査のなかで特に留意したのは、障がいの重い人びとへの取り組みについてで、「貴国では障がいの重い人々に、どんなスポーツを提供しておられますか？」との質問に対して、共通に返ってきた回答は「水中運動」でした。さらに「どんな水中運動ですか？」との問いに、私が初めて聞く「ハロウィック（halliwick）」という言葉があり、幸運にも調査の最終段階で訪問したスウェーデンで、その指導現場を見ることができました。

それは、障がい児者（スイマー）と指導者（インストラクター）が1対1で行う、私が初めて目にする光景で、「まさに目からウロコが落ちる」思いでした。1対1（マンツーマン）で行うのですから「寝たきり」の障がい児者でも対象にでき、指導の仕方も実にキメ細かで、こんな指導法があったのかと、感動しながら、その状況に見入ったものです。

そして、この素晴らしい水泳指導法を日本でもぜひすすめたいと、その方法を模索していたところ、偶然にも江上潤子さんという国際的な資格をもつインストラクターの存在を知り、1988年京都で最初の講習会を開催しました。また、本場英国からジョン・マーチンJoan Martin女史を招いての講習会も数度開催しました。そうしたなかで、この指導法をさらに拡大するための組織として、1994年5月、日本ハロウィック水泳法協会（halliwick）を設立、以後、沖縄から北海道までの各地で講習会を開催し、今年で20年の歴史をもつ協会となっています。

以下に、HALLIWICK CONSEPTを少しでもご理解いただくために、同水泳法の歴史と特徴、ハロウィックが大切にしていることなどについて述べてみます。この水泳指導法は、重度の障がい児者に対応するものとしては、現時点で人類が到達し得た世界最高の指導法と考えています。

2 HALLIWICK CONSEPTの歴史と特徴

HALLIWICK CONSEPTは、1949年に障がいのある人びとに水泳指導をしていた英国のジェームス・マクミランJams Mcmilan氏によって開発されました。同氏はエンジニアで、水泳の教師兼コーチ、障がいの重い人びとが水中で経験するバランスや運動の問題を解決するための、静水力学と流体力学を理解していました。はじめ、彼はロンドンの北にあるハロウィック女子養護学校で活動していたので、その名前はハロウィック法と名づけられました（現在はHALLIWICK CONSEPT)。

最初のクラブであるハロウィック・ペンギンは、身体障がい・知的障がい・感覚障がい等の人たちの両親・親戚・友人たちが、ヘルパーやインストラクターとして訓練されました。そして１９５２年に英国水泳療法協会（現在はハロウィック英国水泳療法協会）が設立され、マクミラン氏の努力によって、ハロウィックは英国中に広まりました。さらに同氏は、その仕事を継続するために大陸に渡り、多くの国で講義をしました。数年間、その仕事は単にレクリエーションとしての水泳クラブとして続けられました。しかし、専門職として働いている人たちの中から、ハロウィック法が治療として利用できることに気づかれ、ハロウィックグループが保育園・支援学校・学習障がい児の組織・病院で形成されました。

マクミラン氏は、国際ハロウィック協会の設立を準備している途中の１９９４年に亡くなりましたが、多くの人の努力により、同年に国際ハロウィック協会が設立されました。

ハロウィック法では、スイマーは完全に自立が達成されるまで、インストラクターに1対1で指導されます。スイマーとインストラクターのペアは、グループ活動の時、つねに一単位となるので、個々のインストラクターの目立たない継続する補助が、スイマーの水中運動を楽しいものにします。また、年齢や能力に合ったゲームの利用で、スイマーは水の特性や作用、自分のバランス問題をどのように解決するかについて理解させられます。

インストラクターの正しい補助によって、スイマーは陸上では経験できない運動を経験することができます。初めに水に対する精神的な適応がされたあと、バランスコントロールの原則が学習され、スイマーはインストラクターの補助から自立する用意ができるところまで到達し、生涯で初めて完全な運動の自立を経験します。

また、スイマーには、安全に呼吸する姿勢を維持する方法、どのような姿勢からも安全な姿勢に戻る方法、そして、顔が水中にあるときは、いつでも息を吐く方法が教えられます。

スイマーは考えられるすべての身体の回転―回転のきっかけ、回転のコントロール、そして、自在に回転を止める方法―に習熟します。

押し上げの力、乱流、運動への抵抗も学びます。その結果、十分な水の知識と水中で運動をコントロールする能力にもとづいた、水中で安全に活動することのできるスイマーになることができるのです。

3 HALLIWICK CONSEPTが大切にしていること

〈Water Happiness〉水の中で安全に楽しく

HALLIWICK CONSEPTは、ストロークからすす

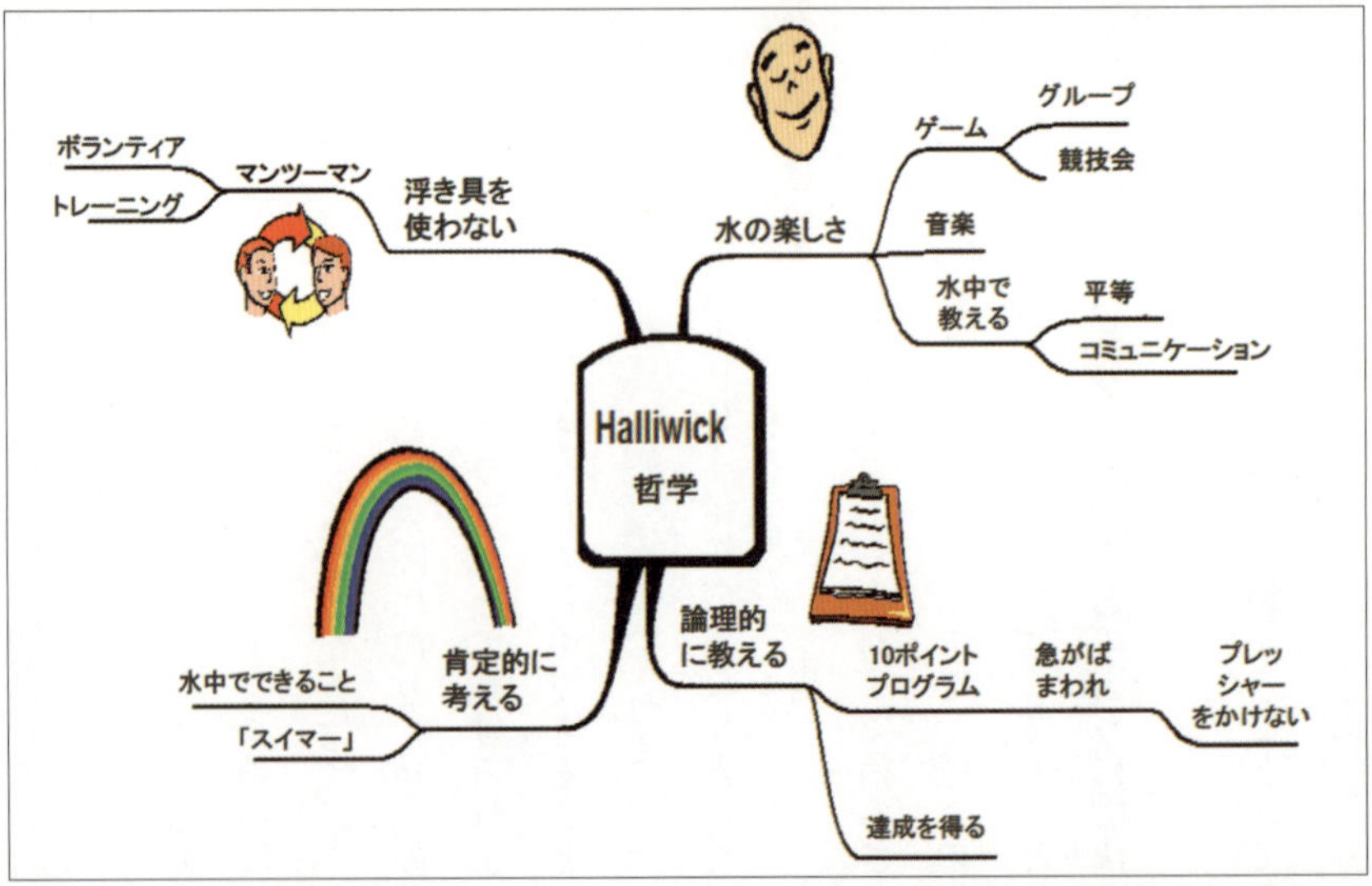

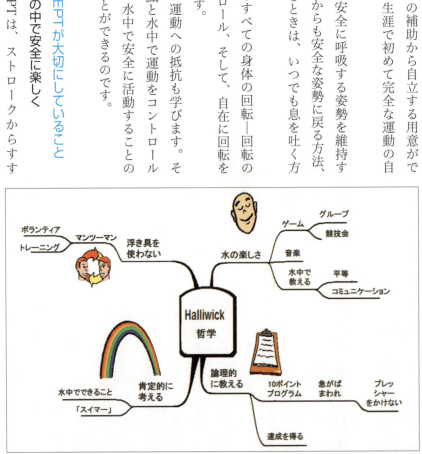

めていく指導法ではありません。この方法で身につけてほしいことは、・安全に活動できるということ・水を楽しむということです。常に「水の中で安全に楽しく」活動することが、ハロウィックの一番の理念になります。そのため、ほとんどの活動時間はゲームプログラムに使われます。遊びながら「水の効果」や「呼吸のコントロール」「バランスコントロール」を学んでいきます。決して強制はしません。

ハロウィックでは、「スイマー」という言葉を使います。一人で泳げる、泳げないにかかわらず、水の中で学ぶ人全員をスイマーと呼びます。インストラクター（補助する側の人）とスイマーとのコミュニケーション、グループの中でのコミュニケーションをともに大切にします。スイマーもインストラクターも平等です。クラブの中では教える側と教わる側ではありません。「○○先生」という呼び方はしません。

〈No flotation aids〉浮き具は使いません

スイマーは浮き具を使わずに、水中でのバランスの取り方を学びます。一人のスイマーに一人のインストラクターという1対1の関係を基本に、インストラクターから最小限のサポートを得ながら、

学んでいきます。

浮き具をつけると、自分でバランスを取ることを憶えるのが遅くなります。水中で本人のバランスポイントを獲得していくために、バランスポイントに近いところを補助するようにします。1つの動作に対しても完全に補助することから、まったく補助しない所まで自由に変えることができます。補助は無理せずスモールステップで少しずつ減らしていくので、陸上では補助具を使用している人も、水中では自立を経験できます。

〈Think positively〉　肯定的に考えます

HALLIWICK CONSEPT 大切なのは、障がいではなく、「能力（一人ひとりができる力）」です。誰もがスイマーになれる、と考えています。

〈Teach logically〉　論理的な順序で指導します

10ポイントプログラム

10ポイントプログラムは経験がない人でも、取り組んでいけば先に進んでいける学習構造になっています。水中での体の動きをコントロールする方法、呼吸のコントロールをマスターしていくことで、自立していくことができるのです。

10ポイントプログラムを行うことで、スイマーは次第に安全な呼吸の仕方を体得し、バランスと動作のコントロールができるようになり、水に対する自信がついていきます。経験が増えると同時に、水の中での自由を得ることができます。

スイマーとインストラクターの、1対1の学習で、インストラクターによる適切なサポートで、すべての人にとって10ポイントプログラムは、十分に泳ぐことを学ぶチャンスになりますし、他の水中での活動に加わる機会を提供することにもつながるのです。

10ポイントプログラムとは

①心理的適応
②分離
③横断軸回転コントロール
④矢状軸回転コントロール
⑤長軸回転コントロール
⑥コンビネーション回転コントロール
⑦押し上げ
⑧静止バランス
⑨乱流に乗って進む（グライディング）
⑩単純な前進と基本的な泳法

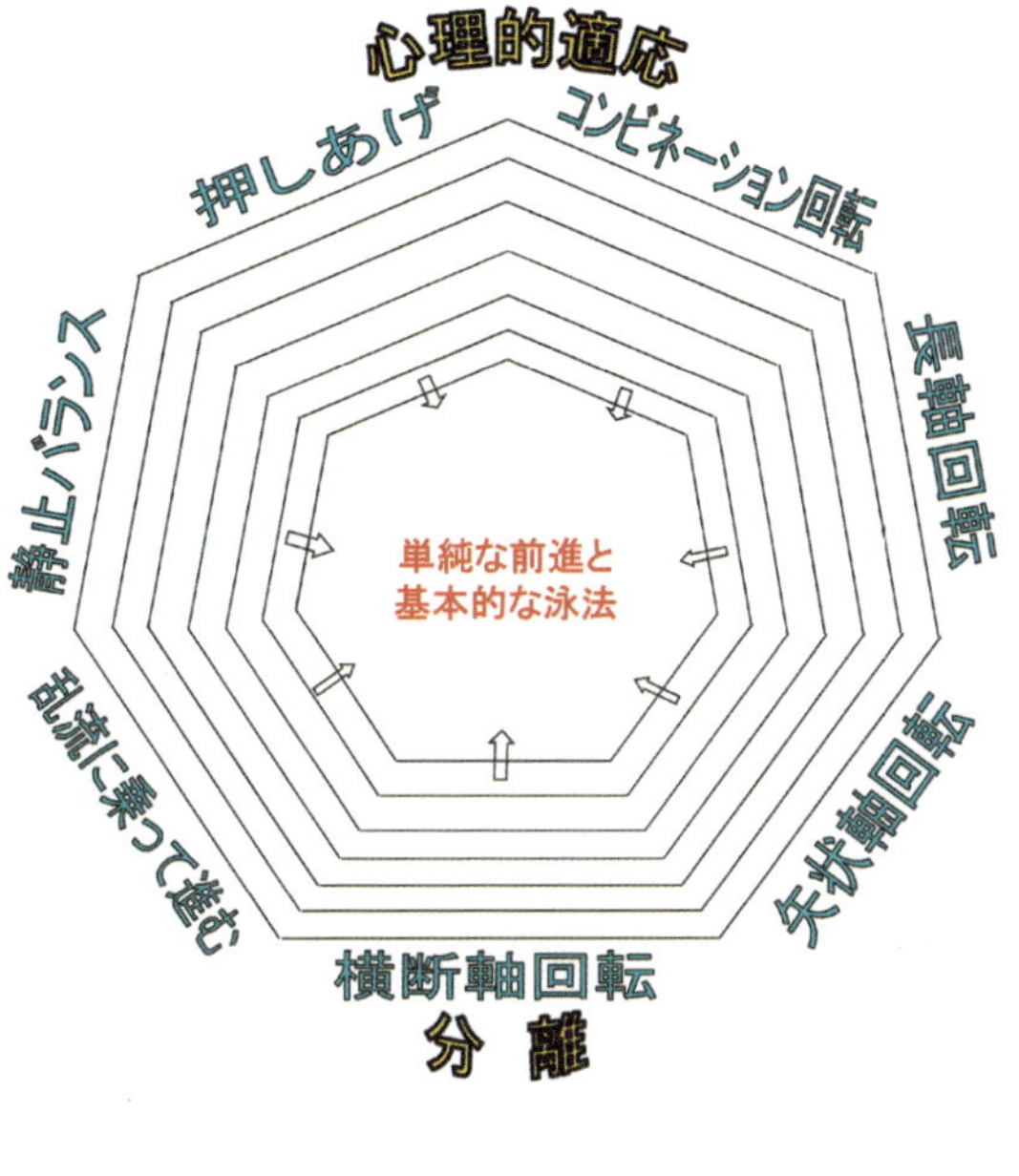

①心理的適応

水の中にいるのと、陸上にいるのとでは、違いがあります。水の中に入るということは、スイマーが新しい環境や状況に挑戦し、課題に取り組み、学習しなければならない、ということで心理的適応は、常に念頭におくべきプロセスです。

例えば、水の表面を吹く、プールの底に座る、呼吸コントロールを始めるという、心理的適応の側面をもつだけでも、後に他のスキルと組み合わせることができます。

②分離

分離も、常に念頭におくべきプロセスです。スイマーが身体的にも心理的にも自立できるように、常に学習していく必要があります。

例えば、水の中で動き回ることを怖がるスイマーには、たくさんのサポートが必要になりますが、自信がついてより良いバランスを体得できれば、サポートの必要が減っていき、少しずつ分離していけるのです。

③横断軸回転コントロール

横断軸回転コントロールは、軸の周りの動作をコントロールすることで

心理的適応の1例：
スイマーが水の中にいることを楽しむ

分離の1例：
スイマーがインストラクターから向きを変える

す（前方―横断軸）。例えば、(i)垂直の姿勢から、前方にバブリングする、(ii)水の中で垂直の姿勢から、背浮きになる、(iii)背浮きから垂直の姿勢になる（サポートあり／なしで）、(iv)前方、後方に倒れることなく垂直の姿勢を保ち横断軸で回転をする。

横断軸で回転をする

横断軸回転コントロールの1例：
背浮きから垂直になる

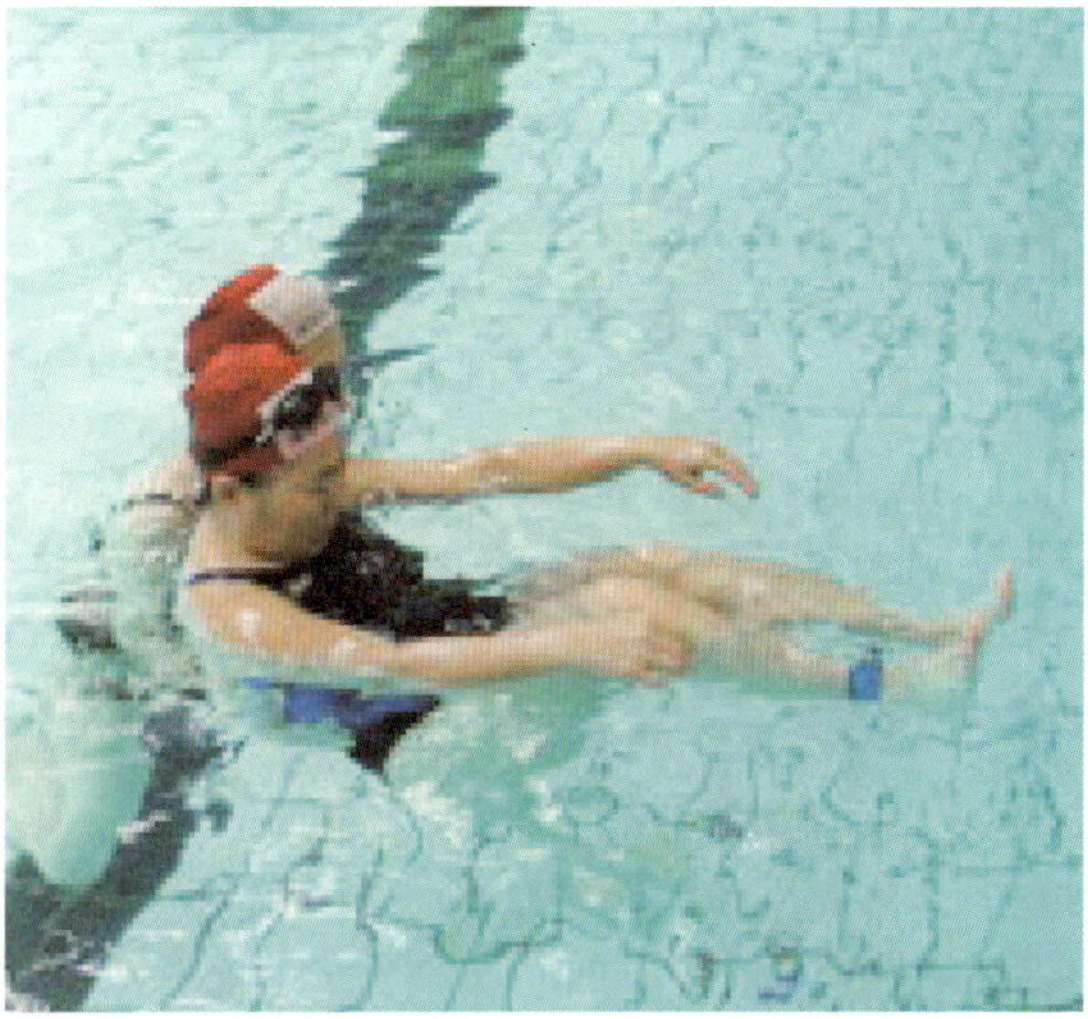

④矢状軸回転コントロール

矢状軸回転コントロールは、側面の動作の前方から後方への動きのコントロールです（矢状軸―横断軸）。例えば、(i)垂直の姿勢から耳を水につける、(ii)垂直の姿勢で体の側面を動かす。

矢状軸の回転

矢状軸回転コントロールの1例：体の側面の動きを制限する―左右にある物に手を伸ばす

⑤長軸回転コントロール

長軸回転コントロールは、体の長軸の周りの動作をコントロールすることです。頭から足のつま先まで一本の軸が通っているように動作をコントロールします（矢状軸―前方軸）。垂直の姿勢、または水平浮き（あおむけ浮き）が、それにあたります。

例えば、(i)垂直姿勢でスポットを中心に回る、(ii)水の中に顔をつけ、ふし浮きの姿勢から回転して水平浮き（あおむけ浮き）になる、(iii)前方に泳いでいるときにどちらかに回転して、呼吸する。

長軸を中心に回転する.

長軸回転コントロールの１例：頭を傾けて体幹の回転をストップする

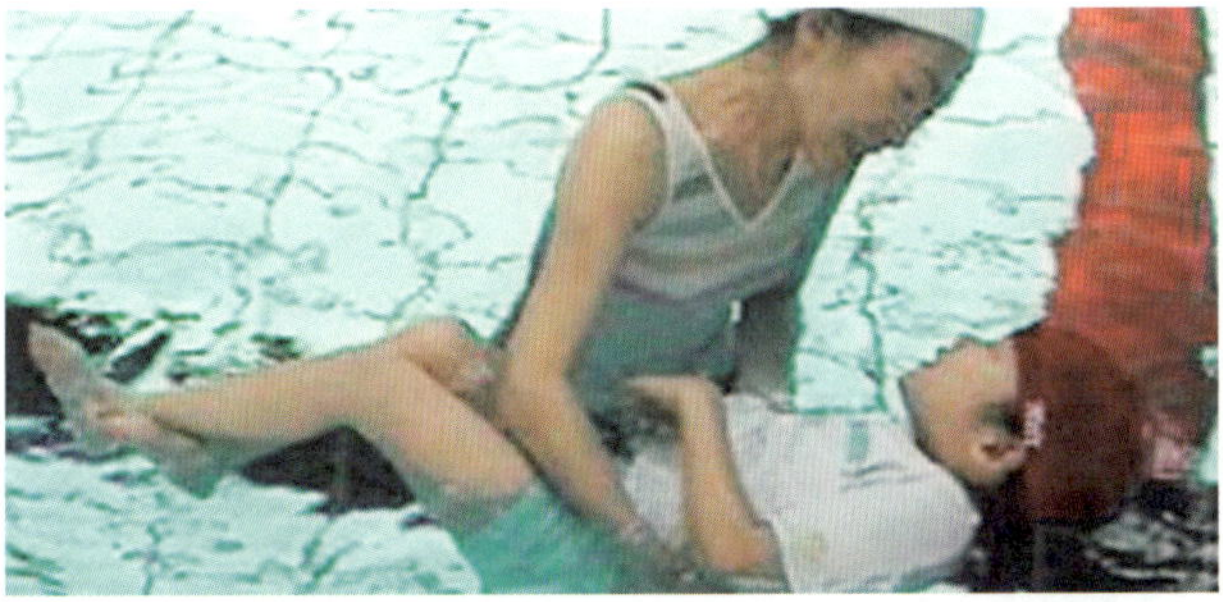

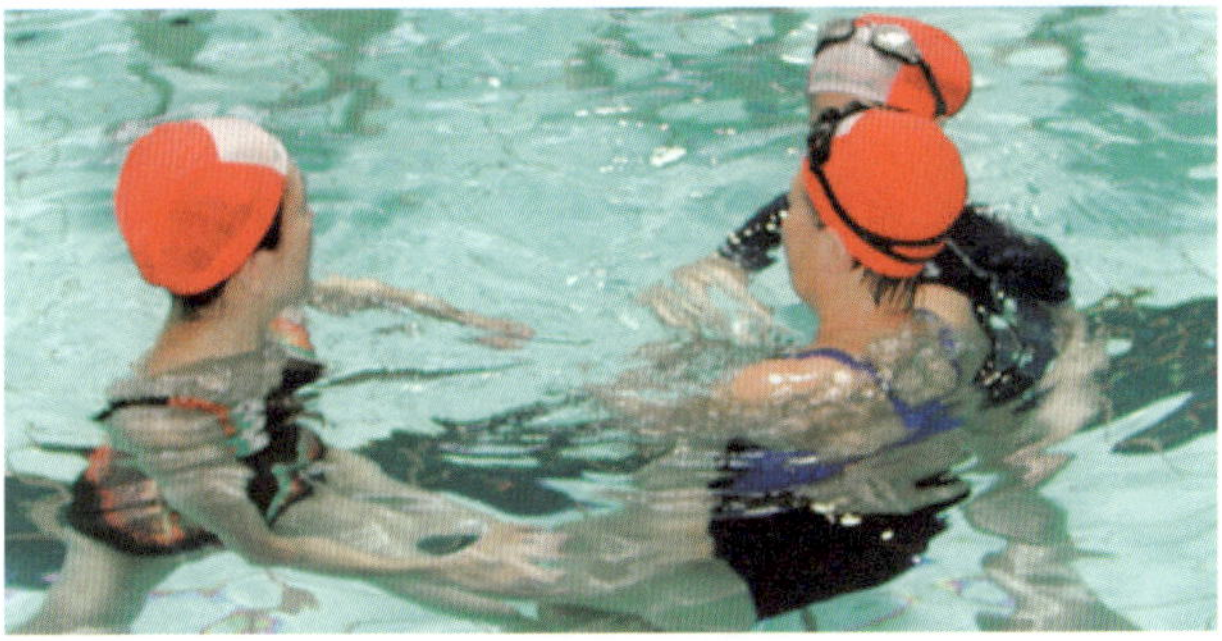

⑥コンビネーション回転コントロール

コンビネーション回転コントロールは、回転を組み合わせて動作をコントロールすることです。これができることによって、スイマーは水の中で3次元（3方向）の動きがコントロールできます。

例えば、(i)プールサイドに座り、回転しながら水中に入り、水平浮き（あおむけ浮き）の姿勢になる、(ii)前方に倒れてから背浮きの姿勢に回復する、(iii)泳いでいる際に方向を変える。

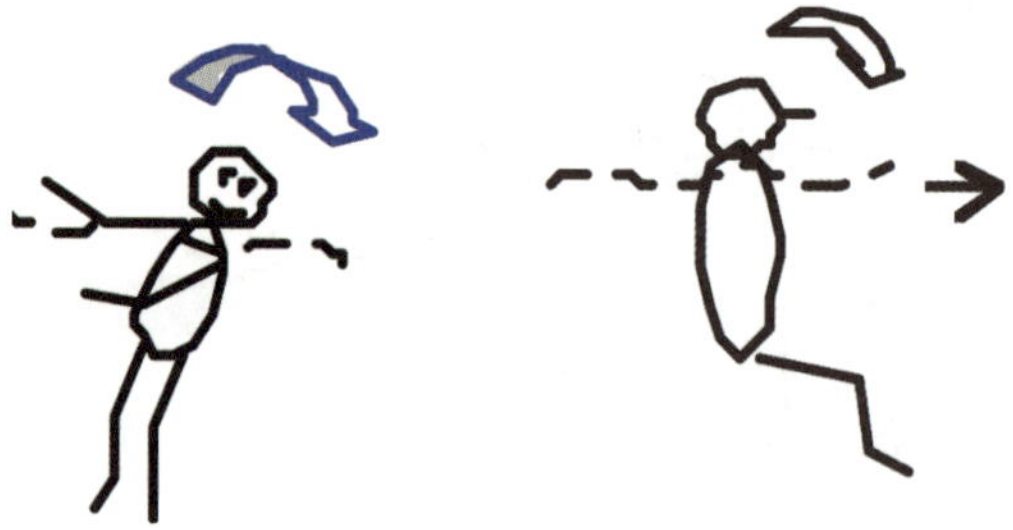

複数の回転組み合わせを一度におこなう

コンビネーションコントロールの１例：垂直の姿勢から前方に倒れ、背浮きの姿勢になる

⑦押し上げ

押し上げは、身体的に理にかなっていることです。大多数のスイマーは水に浮きます。スイマーは、水が支えてくれるということを信じる必要があります。このプロセスは、メンタルの反転と呼ばれています。なぜなら、スイマーは考え方を逆転させないといけないからです。沈まずに浮く、ということを認識する必要があるのです。

10ポイントプログラムで潜ることを学習するとき、潜ると同時に水の押し上げを経験します。水の中に居続けることは難しいのです。例えば、(i)プールの底から足をあげたとき、スイマーは水が抱え上げてくれることを体感する（バニーホップス）、(ii)プールの底にある物を拾い上げるとき、水が身体を水面に戻してくれる押し上げを体感できます。

⑧静止バランス

静止バランスは水の中で静止し、リラックスした姿勢を維持できることです。さまざまな姿勢が考えられ、心理的にも身体的にもバランスをコントロールすることをさします。「浮く」ことは、

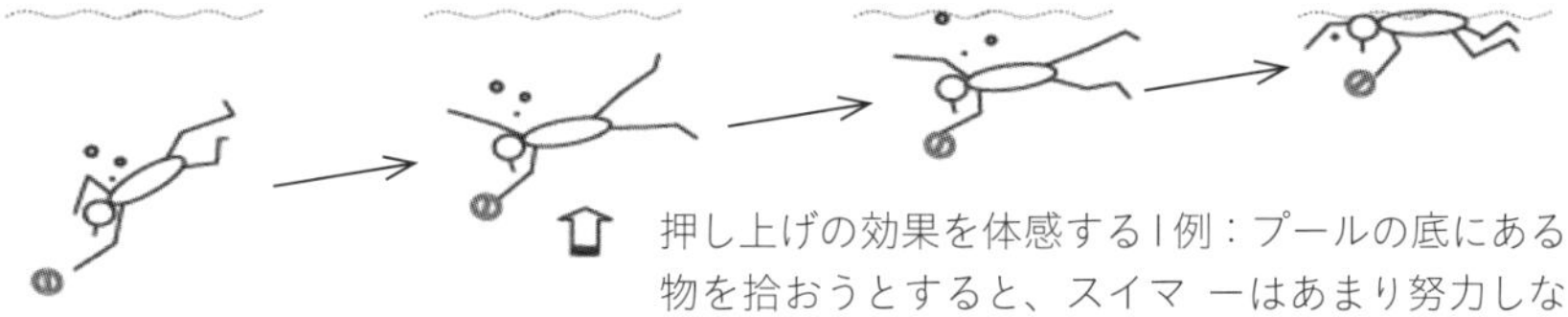

⇧ 押し上げの効果を体感する1例：プールの底にある物を拾おうとすると、スイマ ーはあまり努力しなくても、または全然努力しなくても、水面に戻れる。

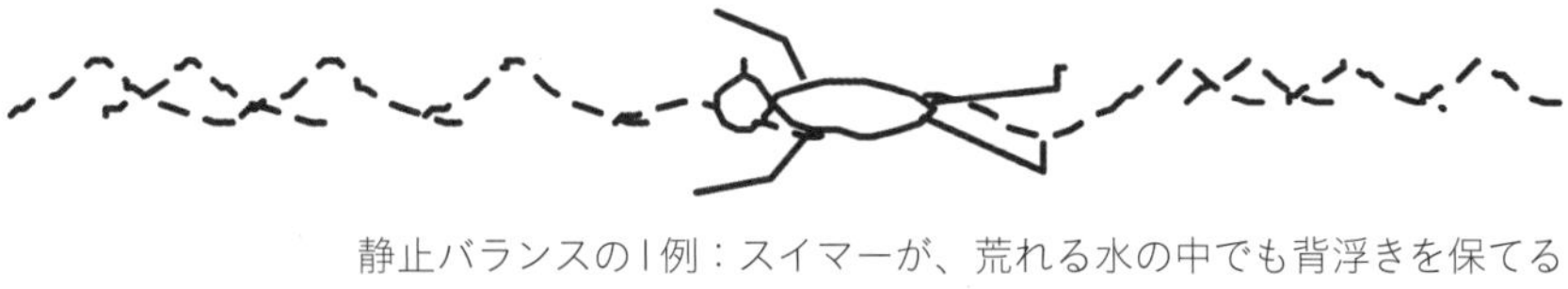

静止バランスの1例：スイマーが、荒れる水の中でも背浮きを保てる

静止バランスの一例です。

例えば、(i)水平に浮く、(ii)垂直に浮く、(iii)マッシュルームフロート。バランスが保てると、他の活動もより無理なくおこなえます。

⑨乱流に乗って進む（グライディング）

乱流の中、スイマーは水平浮きの姿勢になり、インストラクターはスイマーの身体に触れず、背中の下で乱流を起こします。それに乗ってスイマーは動きます。インストラクターが後ろに動くだけでも乱流は起きます。スイマーは不必要な回転が起きないようにコントロールしなければなりません。この時、スイマーは推進する動作をする必要がありません。

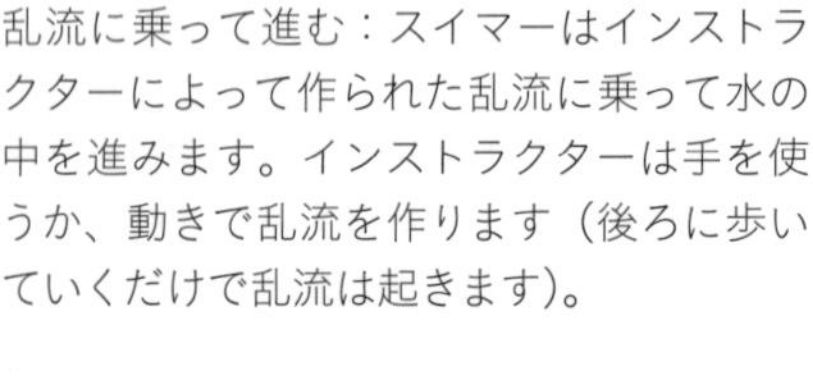

乱流に乗って進む：スイマーはインストラクターによって作られた乱流に乗って水の中を進みます。インストラクターは手を使うか、動きで乱流を作ります（後ろに歩いていくだけで乱流は起きます）。

⑩単純な前進と基本的な泳法

簡単な推進的動作で前進することができます。腕、足、または体幹（胴体）の動作で前進することは可能です。例：水平の背浮きの姿勢で、(i)太ももを手のひらでたたく、(ii)スカーリング、(iii)足をキックするなど基本的な水泳のストロークは、より複雑な動作の組み合わせが必要になります。腕を水の外に出してから体にひきつけることやグライディン

単純な前進の1例：手で太ももをたたくと、推進力がうまれる

グ（静止バランス）の要素を含むことになります。

例えば、水平の背浮きの姿勢で、腕を体の側面で水面より下に下げ、肩の位置まで上げます。水の中で腕を動かすことで、体の側面に乱流が起こり、ストロークし始められるのです。

10ポイントプログラムのすべてをマスターすると、さまざまな種類の活動をおこなえるようになります。遊び、潜り、スイミングストロークを競い合うこともできます。この段階になったら、スイマーは水の中での自立が可能になったと言えるでしょう。

参照／引用文献：「HALLIWICK CONSEPT 2010」国際Halliwick協会（ＩＨＡ）教育／研究委員会
（本項は国際ハロウィック協会Innternational halliwick Association公認講師の久賀谷洋が担当しました）

4 福島穂高くんのこと

最後に重度の障がいがありながら、ハロウィック法の習得が背泳獲得のきっかけとなり、水泳大会にまで出場し、それが自立生活にまでつながった少年のことをご報告して、本稿を終えます。

福島穂高くんは当時16歳で、両上下肢機能障がい（1種1級）のある養護学校高等部1年生でした。出産時の難産とその後の高熱により、重度の脳性マヒ障がいが残りました。ご両親の懸命な努力が、出生以来いまも続けられています。その一つにスポーツ活動がります。自分では自由に動けなくても可能な限り野外活動経験をと、毎年、海や山へ積極的に連れていっておられます。

そんなある日、京都市障害者スポーツセンターの「ハロウィック水泳教室」の開催をお母さんが知られ、効果については半信半疑のまま受講されたのです。そして教室の修了者によるクラブ活動（月2回）に、お父さんとともに参加され約2年半が経過していました。

最初は恐怖心から身体も硬直状態でしたが、ハロウィック法のキメ細かく、しかも楽しい取り組みのなかで、いつしか緊張もほぐれ、約1年ぐらい前から背浮きができるようになりました。その後、お父さんが側についているだけで、ごくゆっくりですが、自力で背泳ができるようになりました。そして1994年8月の全京都障害者水泳大会に生まれて初めて出場し、25メートルを4分35秒2で見事に泳ぎきりました。会場内は、重度の障がいのある少年が少しずつ少しずつ懸命に泳ぐ姿への感銘から、興奮のるつぼとなりました。

ご両親、特にお父さんは、最初「この子が泳げるようになるわけがない」と思われたそうです。しかし、1993年のハロウィック法の本場イギリス訪問時、きわめて重度の障がい者がほんの小さな動きで

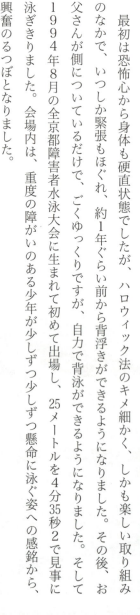

泳ぐのを目撃され、これなら穂高君にもできるのではと親子で確信をもたれ、熱心なコーチの協力もあって、今日の成果が得られたのです。そして「もっと早くこの指導法に出会いたかった」と、しみじみ語っておられました。

この事例は、どんなに重度の障がい児者にも、適切でキメ細かな指導と本人や家族の粘り強い努力があれば、運動発達にも必ず成果がみられる証と考えます。

ちなみに現在、穂高くんは、両親から自立してマンションで一人暮らしをし、必要に応じてヘルパーを自分で雇い、自活しているとのことです。自力で泳げたことが自信となり、自立自活へとつながったものと考えられます。

ハロウィック法は、重い障がいのある人をここまで支援できるのです。もちろんその根底には、ご両親の大きな深い愛情と強い支えがあったことは言うまでもありません。またその後、穂高くんはさらに活動の範囲を広げ、ダイビング、電動車椅子サッカー、さまざまなライブや映画、和太鼓などに挑戦し、きわめて充実した人生をおくっています。

なお、穂高くんのお母さんは、全国障害者問題研究会（全障研）京都支部の機関誌（月刊）に、「穂高は社会の宝」と題するエッセイを、何年にもわたり連載され現在も続いています(この項は、全障研『みんなのねがい』1995年2月号の拙稿を修正、補足)。

〈追記〉

「ハロウィック基礎コース」の講習会は、毎年京都と希望のある地域で開催しています。講習内容は「基礎コース１・２・３・４」（４日間）で、定員24名、参加料は一般３万円、クラブ会員２万円、法人／個人会員２万４千円です。

なお、連絡先は　京都市左京区高野玉岡町５　京都市障害者スポーツセンター気付
日本ハロウィック水泳法協会（Halliwick）事務局　久賀谷

日本ハロウィック水泳法協会（Halliwick）
　ホームページ　http://halliwick-japan.org/
国際ハロウィック水泳法協会（International Halliwick Association）
　ホームページ　http://halliwick.org/

第4章　真に「すべての人の」と言えるスポーツ・体育を求めて

卓球バレー

日本体育大学児童スポーツ教育学部
久保　健

1 スポーツの展開と現在

スポーツは、近代成立期のイギリスを舞台に、それ以前から伝わってきた遊戯や身体運動文化を受け継ぎつつ造り変える中から誕生したものです。それは、当初は、新しい時代のイギリスを担うエリートの文化であり、男性の文化であり、文化特質で言えば競技文化であるというように、かなり「限定的」な性格をもつ文化でした。

しかしその後、スポーツは世界中に伝播していきました。また、エリートの文化からすべての社会階層の人々の文化へ、男性の文化からすべての性の文化へ、若者の文化から高齢者や子どもなど、幅広い年代の人々の文化へ、そして健常者の文化から障がい者を含むすべての人々の享受する文化へと担い手を拡げていきました。そしてその過程で、スポーツは、世界中のさまざまな民族や社会、性、社会階層、年代の人々に受け入れられ、その人々をスポーツ的な世界に取り込むと同時に、スポーツ自体もまた、それらの人々がもっていた身体運動文化や風俗・習慣、ものの見方・感じ方・考え方と相互交渉し、混淆し、さまざまな変化を経ながら、「世界文化」となってきました。

今日、私たちの前に展開されているスポーツという文化の大きな原動力の一つは、オリンピックや世界選手権を頂点とする競技スポーツにあります。しかし同時に、「ニュースポーツ」「健康スポーツ」「やわらかいスポーツ」「民族スポーツ」「周縁スポーツ」「後近代のスポーツ」「トロプス（Trops：勝敗のないスポーツ）」あるいは、必ずしもスポーツとは呼ばれない身体運動文化などが、さまざまな目的や享受のしかた・楽しみ方をもって広範に展開されています。

これらの広範なスポーツ（身体運動文化）と前述の競技スポーツとの関係については、オルタナティブないし対抗的な文化として〈あれか―これか〉の関係でとらえられがちです。しかしこれに対して、例えばタタールの民衆の祝祭[※1]や、インド・パンジャブの「大運動会[※2]」などでは、両者が〈あれも―これも〉の関係で大らかに共存・混淆している姿が紹介されています。その意味では、今日のスポーツという文化は、一つの本質的特徴でとらえきれるものではなく、さまざまな特質や側面が共存したり、混淆したりする複雑な様相を呈しているように思われます。

2 障がい者スポーツの展開

障がい者スポーツは、まず、「ろう者」のスポーツとして始まりました。1888年にベルリンで「聴覚障害者スポーツクラブ」が結成され、それが1910年に「ドイツろうあ者スポーツ協会」となり、1924年にパリで「第1回世界ろうあ者スポーツ競技大会」が開催されました。そしてこれはその後、「デフリンピック」として開催されてきています。

もう一つは、肢体不自由者のスポーツです。1944年のロンドンオリンピックに合わせてストーク・マンデビル病院内で車椅子患者のアーチェリー大会が行われ、1952年に第1回国際ストーク・マンデビル大会（車椅子に乗った脊髄損傷者の大会）が開催されました。この大会は、1960年にはオリンピックの開催年にその開催地で開催することになり、次の1964年のオリンピック（東京）の後に行われた国際身体障害者スポーツ大会に「パラリンピック：対麻痺者（Paraplegia）のOlimpic」という愛称がつけられました。このパラリンピックという名称の意味づけは、この大会がその後、切断による身体障害者、視覚障害者、脳性麻痺者などに参加者を拡大する中で、もう一つの（Parallel）Olympicと受けとめられるようになってきています。

１９８９年に、多くの障害者スポーツ競技連盟を統括して、国際パラリンピック委員会が設立されました。それ以来、パラリンピックは、「障がい者にスポーツ活動の機会を提供する理念」を掲げるとともに、障がい者スポーツのエリート性（競技性の高いスポーツ大会）を表す言葉となったといいます。[※3]さらに、オリンピックと同じ会場を使用することや開催組織の一体化など、オリンピックとパラリンピックの連動への動きが進んできています。

以上にみてきたのは主として身体障がい者のスポーツですが、これについて、芝田徳造氏は、１９８６年の著書の中で次のように述べていました。[※4]

「現在のわが国では、国民一般のなかにも『障害者スポーツ＝身体障害者スポーツ』という見方がかなりあります。しかし障害児者は、身体障害者だけではありません。知恵遅れの人びとはもちろん精神障害者・病弱者等も、その範疇に入れるべきです」

そこで、知的障がい者のスポーツに目を向けてみましょう。その国際スポーツ大会として１９６２年に始まったスペシャルオリンピックスがあります。これは、主として知的障がい者の自立や社会参加を目的として、日常的なスポーツプログラムや成果の発表の場としての性格をもつ大会で、自己の最善をつくすことが大切にされています。

これに対して、より競技性を志向する組織として、1986年に国際知的障害者スポーツ連盟が設立されました。そして同年、この連盟はパラリンピックへの参加を調整する国際障害者スポーツ調整機構に参加しましたが、その直後の1988年のパラリンピックへの出場は認められませんでした。

その後、1998年のパラリンピックで初めて知的障がい者の種目が採用されました。しかし、2000年のパラリンピックで、その種目に健常者が出場するという不正行為が生じ、パラリンピックの正式競技から排除されました。その後、知的障がい者の復帰の活動が進められ、2012年のパラリンピックで陸上、水泳、卓球の3種目が認められました。ただし、2014年のパラリンピックでは、知的障がい者の種目は採用されていません。

知的障がい者のパラリンピックへの参加が遅れた理由、また、参加種目がまだ少ない理由は、(不正行為の問題は論外として) スポーツのとらえ方の問題に関わっているように思います。このことについては、また後でふれます。

もう一つ、芝田氏は前掲書の中で次のようにも述べていました。[※5]

「現在のわが国では、障害者スポーツというと誰もが、陸上・水泳・卓球・洋弓・車椅子バスケットボール等の競技スポーツを想像するのが普通です。しかし、これらは軽度・単純障害児者には実施できても、重度の障害者には無理です。そこで私は、スポー

ツという語の意味を、もっと広くとらえるべきではないかと考えています」

この芝田氏の問題提起に応えるために、次に、障がい者の競技スポーツの中で障害（インペアメント）[※6]の種類や程度をめぐって、どのような試みや議論がなされているのかについて考えてみたいと思います。

3 障がい者の競技スポーツにおける試み

障がい者の競技スポーツにおいては、「対等・平等な競争」を保障するためのさまざまなルールの改変や実施形態の工夫がなされています。

その一つは、水泳やスキーなどの個人種目で行われている「クラス分け」です。ここでは、同じ程度の障害（インペアメント）ごとに分けられたクラスで競技が行われています。したがって、障害（インペアメント）が競技に対して与える影響は、「クラス分け」の細かさに応じて小さくなります。

この「クラス分け」と同じようなことは、健常者のスポーツの世界にも見られます。例えば、年代別競技が行われたり、格闘技では体重制が導入されたりしていますが、反面、身長別競技制はほとんど取り入れられていないなど、さまざまな実態と議論の中にあります。また、学校体育でも、一方では能力別グループ編成による学習が、他方では違いのある子どもたち（異質集団）による共同・協同学習が、実践されたり議論されたりしています。

「クラス分け」には、堅田美雄氏によれば「厳密に行えば行うほど、競争相手が減り、競技性が失われる」

正誤表

以下の誤りがありましたので、お詫びして訂正申し上げます。

p.142、15 行目。P.143、3 行目。P.145、15 行目。
P.154、3 行目、4 行目、16 行目。
P.155、1 行目。P.158、12 行目、16 行目。

誤 :「堅田（義雄）」　⇒　正 :「樫田（美雄）」

というパラドックスがあります。そのため、例えば近似したいくつかのクラスの選手が一緒に競技して、順位づけは同一クラスの中で行うというような実施上の工夫もされています。この「クラス分け」が参加者にどう受けとめられているかについて、堅田氏は例えば、ごく少人数でグループ分けされた障害者水泳でも、彼らには「実際には、競技としてのおもしろさをなくすほどには、このパラドックスは機能していないようだ」と述べています。※7 確かに、参加者2〜3人でも競技の楽しさを味わえている人もいるのかもしれません。しかし、この「クラス分け」が極限にまで進められた時に、多くの人がそう感じられるかどうかは疑問です。むしろ、孤独な記録への挑戦になっていくのではないでしょうか。

二つ目は、本書でも紹介されている、車椅子バスケットボールの「持ち点制」です。これと似た発想は、健常者のスポーツでもゴルフの「ハンディ」などに見られます。また、学校体育においても、個人種目ではハンディキャップを与えるとか、チームゲームでは能力の低い者の活躍にボーナスポイントを与えるなどの工夫がなされています。

渡正氏は、「持ち点」とは、個人の障害（インペアメント）が、「車椅子と一体となった選手」の「できること」に変換されたものだとしています。※8―① また、同じ持ち点であっても「それぞれの障害（インペアメント）は多様」だが、それらは「価値中立的に、あるいはその多様性が剥奪」されているとも述べています。※8―②

この「持ち点制」について、渡氏は、「持ち点の高い選手にだけ面白く、持ち点の低い選手には面白くないようなゲームなのだろうか。また、持ち点の低い選手は、ルールによって競技成立の必要不可欠な要件というだけなのだろうか」と自問しています。※8―③

そして、「持ち点制度は、チーム全体の比較においては公平性を保つかもしれないが、選手個人にとっては、試合中における有利な／不利な状況を生み出す」こと[※8-④]、したがって、「持ち点が高い選手ほど活躍できると予想される」し、事実、「2002年から2008年までの日本車椅子バスケットボール選手権大会において、得点ランキング10位以内に入った選手」数は持ち点の高さと比例しており、「持ち点の高い選手が観客から見て活躍していると映る」[※8-⑤]という実態があることを指摘しています。

しかしその上で、渡氏は、この「コート上のプレーヤーの完全な平等が達成されていないことこそが、チームの持ち点構成やほかのルール、さらには車椅子という『固定的な幅』をも視野に入れた車椅子バスケットボールの戦術を生み出し、それにともなう面白さをつくりだしている」のだと述べています[※8-⑥]。その戦術とは、「味方の持ち点の高い選手に持ち点の低い選手が相手になるようにチーム全員が動いている。戦術の大部分が持ち点のミスマッチ（ゲーム中に起こる体格や持ち点でのアンバランスなマッチアップ）をつくるように攻撃したり、ディフェンスしたりするように組み立てられている。持ち点で端的に示される身体的な差異は、すべての選手に了解されており、身体的な差異をもとに戦術が組み立てられている」のだというのです[※8-⑦]。

そしてその中で、「持ち点の低い選手は、合計14・0と定められたチーム構成において不可欠なだけでなく、彼らのプレーによって、チーム全体の連携や戦術的な要素の核となっている」のだとしています[※8-⑧]。またさらに、持ち点が比較的低い選手に聞いてみると、彼らは、「競技性を担保するはずだった平等性が完全に達成されていないこと」を理解しているが、その上で、「スターになってみたいな、っていうのも正直あるよね…でも…持ち点っていう状態のレベルがあって、その状態のレベルではっきりいって勝負しているわけで、もうマッチアップ（試合中、その選手が責任をもち対戦する相手プレーヤーのこと。基本的に同じ持ち点の選手となる）とかね、ぶっちゃけた話…そこで勝ちゃいい話なんだ」と考えていることを紹介しています。※8―⑨

ただし、ここにも臨界は存在しています。例えば、渡氏は、前述の持ち点の低い選手たちの中にも、彼らより障害（インペアメント）が重くて（例えば上肢にも麻痺があり）車椅子バスケットボールができない人たちのことを「ほんものの障害者」、それと比べた自分たちのことを「にせものの障害者」という一線を画すまなざしがあることを紹介しています。※8―⑩その人たちのためには「車椅子ツインバスケット」という2種類の高さのゴールを併用したバスケットボールがあるのですが、「もっと重度・重複の人は？」とつきつめて考えれば、そこにもやはり臨界はあるわけです。

三つ目に、視覚障がい者の卓球やバレーボールやサッカーなどに見られる試みです。例えば、卓球（サウンドテーブルテニス）では、競技参加者全員にアイマスクの着用が強制され、またサーブ時に、サーバー側とレシーバー側の両者に「いきます―はい」という呼応した事前発声が義務づけられています。そしてこのことによって、視覚に関わる障害（インペアメント）の程度が勝敗や成績に対して影響を与えないようになっています。

堅田美雄氏は、このルール改変がこのスポーツに「リズムスポーツ（リズムをコントロールすることで勝負が決するスポーツ）」としての質と「空間スポーツ」としての質とからなる「新しいおもしろさ」を獲得させていると述べています。ここでいう「リズムスポーツ」の質とは、「発話のタイミングをずらして相手を混乱させる」とか「緩急をつけて球を打ち返す」ことによる「視覚による認知ができる環境の何倍もトリッキーな行為によって生じ、「空間スポーツ」としての質とは、「サーブ時に、指定された発声する場所と、球を打ち出す場所を変えて、相手を混乱させる」行為によって生じるものです。[※9]

以上、三つの例を取り上げて、障がい者の競技スポーツについてみてきました。いずれも、すばらしい着眼点や工夫にあふれていて、これまで自分には無理だとあきらめていた人々を競技スポーツの世界に導き入れるものです。またこれら（特に後の二つ）は、障害（インペアメント）の程度の異なった人たちのみならず、健常者も交えて一緒にスポーツを行う（車椅子バスケットボールに健常者が参加する場合の持ち点は5・0）ことを可能にするものでもあります。さらに、ただ単に既存のスポーツを障がい者が行うだけでなく、障がい者がスポーツを楽しめることを保証するための工夫により、スポーツそのものに新しい質が加わっています。

しかしながら、これらの試みの貴重な成果を十分に認めた上で、なお、障害（インペアメント）の程度や種類を極大化して、また障がい者と健常者がともにスポーツを楽しむことをさらに進めようと考えた場合、どこまで「すべての人」の享受できるスポーツの世界を創出し、多くの人に広げていくことができるのでしょうか？　これらによって可能になること（成果）とその臨界を見極めながら、競技スポーツだけに限定せずに、さらにさまざまな障がい者スポーツのありようを追求することが求められているように思います。

4 障がい者スポーツから「スポーツのとらえ方」を考える

ここで、本稿におけるスポーツというもののとらえ方について考えてみたいと思います。図は、そのために、スポーツという文化が展開する場（構図）を考えてみたものです。

第一に、身体性とPlay性についてです。

まず身体性と関わって、オリンピックに障がい者が出場することをめぐって大きな話題となった人に、義足のランナー、オスカー・ピストリウスがいます。彼の義足は高度なテクノロジーによって可能となったものですが、そのために逆に、国際陸上競技連盟は、その義足が「競技力向上を手助けする人工装置」を禁じた規則に抵触するとみなして出場を認めませんでした。この決定を不服としたピストリウスはスポーツ仲裁裁判所に提訴し、その結果、「義足を使用することによるアドバンテージは確実なものとは言えない」ということで、先の決定は無効とされました。

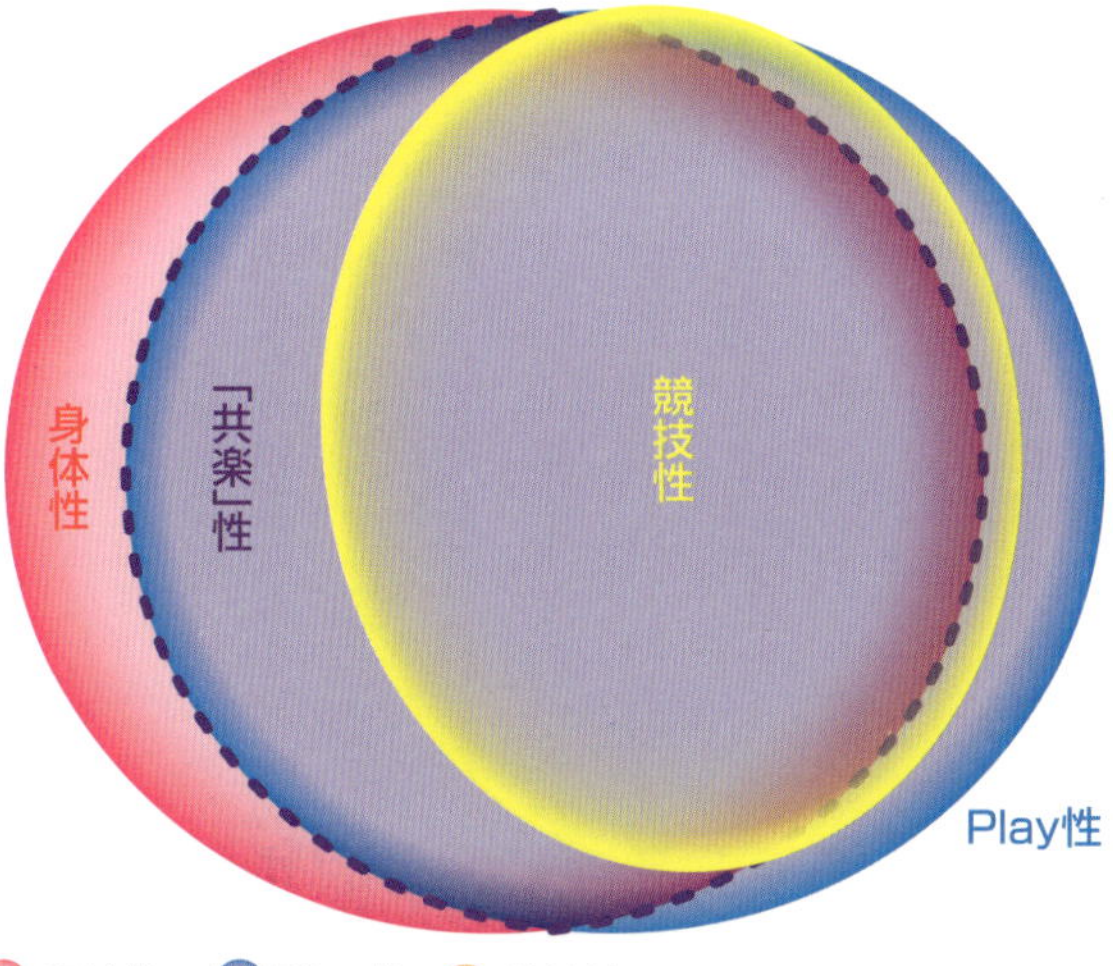

身体性　Play性　競技性
play性のうち、競技性以外の部分が「共楽」性
スポーツの臨界

ここで争われていたのは、スポーツにおける競い合いの中核は（人工的な用具を伴って実施されたとしても）人間の身体とその能力であり、それが近代（競技）スポーツの理念だという考え方、すなわち身体性をめぐる議論です。

健常者のスポーツにおいても、競泳における世界新記録を続出させた水着、レーザーレーサーの着用の可否をめぐる議論がありました。この水着は、素材そのものや身体を締めつけることによる水の抵抗の減少、素材の浮力増大効果などにより、高速で泳ぐことを可能にしましたが、これに対して、国際水泳連盟は、水着の素材を布地のみに、また、水着が身体を覆う範囲を制限する決定を行いました。ここにも、スポーツにおける競い合いの中核は人間の身体とその能力だという理念が表れています。同様の問題は、棒高跳びのポール、スキーやゴルフなどの用具、モータースポーツなどにも存在しています。

他方、チェスや囲碁などがアジア大会の競技種目に加えられましたし、ねんりんピックでは健康麻雀なども種目の中に入っています。これらは、「頭脳（マインド）スポーツ」と呼ばれたりもしています。振り返ってみると、近代スポーツ以前のスポーツという言葉の意味内容には、チェスやカードゲームなどの、必ずしも身体とその能力を中核としない娯楽や遊戯も含まれていました。

今日のスポーツのとらえ方をめぐる議論は、身体性に関しては、一方では人間の身体能力とそれを増幅させるテクノロジーやそれを支える経済力などとの関係を考えた時、どこまでがスポーツと言えるかという議論として展開されています。また同時に他方では、前述した、必ずしも身体能力を中核としないゲーム（これらにおいてもコマを置くとか取るという身体運動は行われているとも言えます）をどうとらえるかという議論としても展開されています。

そして、障がい者スポーツを考える際にも、障害の種別の多様性や重度・重複障害のことを念頭におくと、この身体性の臨界をどう考えるかが問題となります。

次に、Play性についてです。ここでいうPlay性とは、「スポーツでなされる活動は、日常生活の意味連関からは無意味なもので、その無意味なことに意味を与える」というほどの意味です。[※10] それは、丹下保夫氏や高津勝氏の言い方では、「必然の国」（生存維持のための労働や日常生活としての身体活動）に対する「自由の国」（自由時間のよろこびに満ちた身体活動）ということになるかもしれません。この2つの国の関係は、「自由の国」で展開される身体活動は「必然の国」で形成されてきた身体と運動を用いて行われ、「自由の国」における身体活動によって獲得された身体と運動（能力）は「必然の国」に反転される、という相互関係にあります。[※11]

Play性そのものは、身体活動だけに関わるものではなく、さまざまな文化・芸術活動のもつ性質です。前述した「頭脳（マインド）スポーツ」などという言い方も、このPlay性をもつことをスポーツの要件として重視しようと考えるものです。

そして、このPlay性は、知的障がい者（精神障がい者も）のスポーツを考える際に大きな意味をもってきます。澤江幸則氏は、知的障がい者には、「感覚運動機能の困難さ」や「運動スキル獲得の遅れ」が伴っていること、また「運動課題の理解力」や「知的機能のバイアスにより、期待される運動パフォーマンスを発揮できない」ことなどの問題があるとした上で、知的障がい者のスポーツの楽しみ方について次のように述べています。[※12]

「ゴロ卓球を楽しんでいた知的障害のある人は、ピンポン球を相手コート内に打ち返すことの理解が難しかったからといって、転がるボールをラケットに当てる運動の楽しさを知らないというわけではないだろう……リレーで、相手チームの友達に追い越されても、ニコニコしながら自分のペースで走る知的障害のある生徒がいたならば、その生徒は、確かに競争という価値でスポーツを楽しめてはいないかもしれないが、走ること自体の楽しみを得ていないわけではない……遠くにボールを投げるスキルはなくても、投げること自体を繰り返す子どもは、投げる運動を楽しんでいると理解してもよいかもしれない」

ここには、知的障がい者がスポーツを楽しもうとする際に、知的障がい者同士でまた他種別の障がい者や健常者との間に、スポーツ課題（競走とかゴールにボールを入れ合うとか）やルールを共有することの難しさがあることが示されていますが、同時に、スポーツとは何かのとらえ方をPlay性、そのうちでも特に「共楽」性において多様に膨らませれば、スポーツの楽しさの世界を飛躍的に拡げることのできる可能性が示唆されてもいます。

第二に、競技性と「共楽」性について考えてみましょう。この二つは、前述したPlay性の内実を2種類の楽しみ方に分けて考えようというものです。このうち競技性は、近・現代スポーツを展開させる大きな原動力となっているものであり、もう十分にふれてきました。そこでここでは、競技性を追求する臨界、例えば重度・重複障がい者のスポーツのあり方（知的障がい者の場合も当てはまる）を取り上げるところから検討してみましょう。

前述した芝田氏の「スポーツという語の意味を、もっと広くとらえるべきではないか」という提言は、競技スポーツだけでなく広く「共に楽しむ」スポーツも含めたものにという意味と、「すべての障害をもつ人みんなにスポーツを」という意味とを内包しています。芝田氏のこの提言の続きにはこう述べられていました。

「寝たきりの障害をもつ人が指を一本動かすだけでも、それがスポーツとして意図的（意図的介護を含む）に行われた場合には、それをスポーツと認めるべきだと思います[※13]」

おそらくこの芝田氏の言葉を意識してではないかと思われますが、例えば後に、藤田紀昭氏は次のように述べています。

「電動車いすの操作も難しいほどの障害がある人。歩けない、腕も動かない、動かせるのは左手の人差し指1本だけという人のダンスにはどんな方法があるでしょうか？　身体全体を使った動きや車いすに乗ってのダンスは無理ですね。でも指は動きます、人差し指を音楽に合わせて動かす指ダンスは可能でしょう。しかし、もっと素晴らしいダンスの方法があります。この人につながる形で数人の人が縦一列に並びます。先頭の人がこの人の人差し指に自分の人差し指を合わせます。後ろの人は前の人の身体に手をあてます。先頭の人は人差し指から伝わってくる動きに合わせて身体全体を動かします。後ろの人は前の人の動きを倍にして動きます。その後ろの人

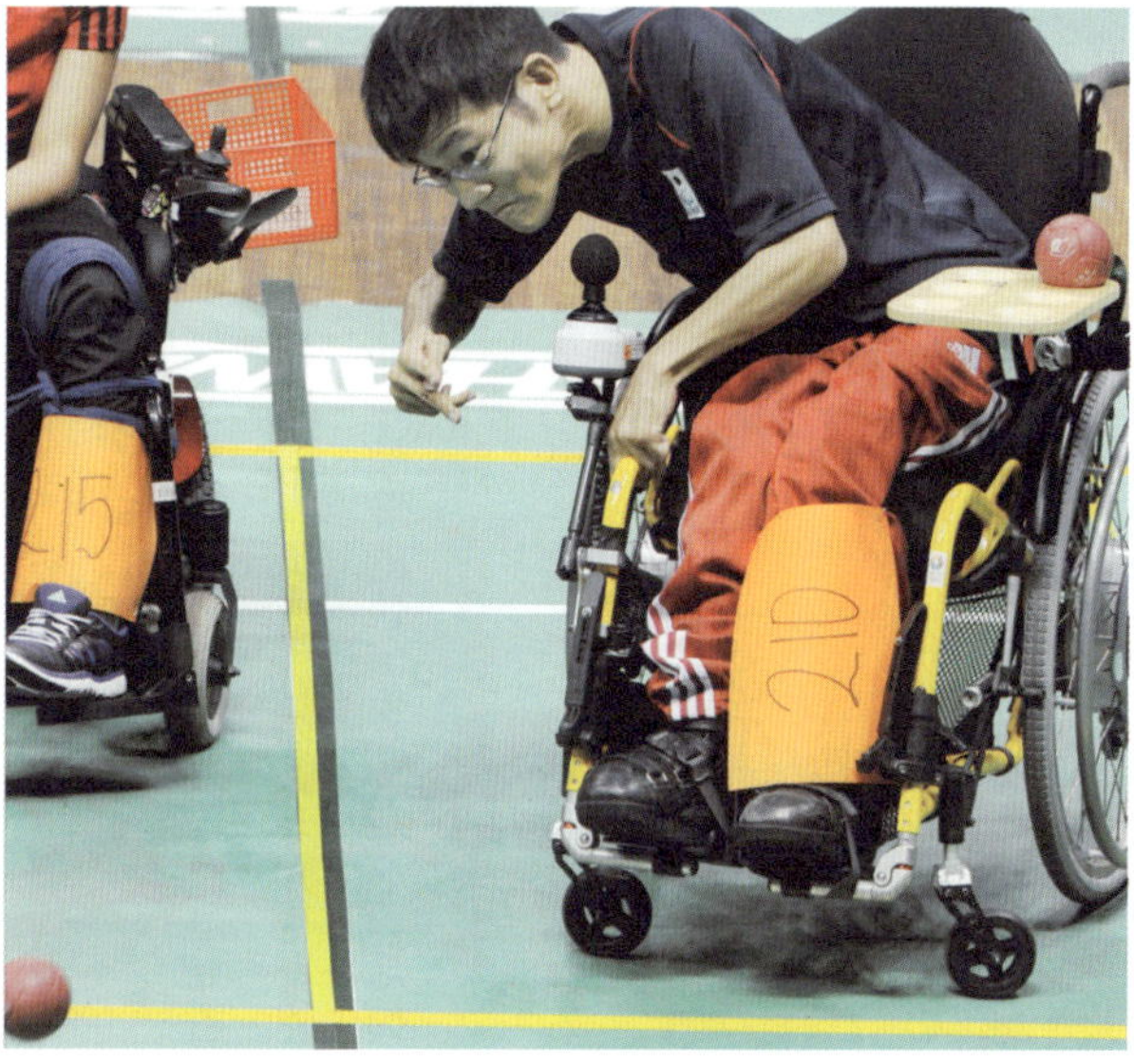

はその倍の動き……というふうにしていくと、1番後ろの人はその場を走り回らなくてはならないくらい大きな動きになります。こうして人差し指の動きが全員に伝わり大きなダンスになるのです」[※14]

ここには、ダンスすること、表現すること、身体的にコミュニケーションすることもスポーツになるのではないかという考え方が示されています。これを、呼吸すること、目を動かすこと、（外界や身体内部を）感覚したり表現したりすること……と拡延していけば、身体的・生理的快感を味わうPlayの楽しさから、シンクロナイズドスイミングやさまざまなダンスのフェスティバルなどの表現的スポーツやコミュニケーションゲームなどまで、さまざまなPlay性をもったスポーツの楽しさの世界を拡げることができます。また、それを一人で楽しむことも可能ですが、みんなで楽しんだ方が楽しさは格段に大きくなります。この「みんなで、ともに、楽しむ」世界の拡がりを、本稿では（造語ですが）「共楽」性としてみました。先ほど、競技性と「共楽」性を2種類の楽しみ方に分けて考えると述べましたが、競技スポーツもまた「共に楽しむ」ものであり、その意味では「共楽」性に含まれると言った方がいいかもしれません。前述した種目の他にも、第1章で紹介したように、障がい者同士で、また健常者がともに楽しめるハンドサッカー、グラウンドゴルフ、ローリングバレーボール、スポーツ吹き矢など、「共楽」の世界は大きく拡がっています。

以上に述べてきたことをまとめると、スポーツというものは、図1のうち、身体性とPlay性の重なりの部分（図の太い点線で囲った部分）だととらえておきたいと思います。ただし、実際に「これはスポーツと言えるかどうか」の臨界を定めようとする場合には、一方では「どこで身体性を有しているか」と判断する線を引くか、他方で「どこでPlay性を有している」と判断する線を引くかが議論されることになります。

5　真に「すべての人が輝く」スポーツ・体育を求めて

ノーマライゼーションという理念があります。デンマークのミケルセンが提唱したもので、当初は、「障害のある人に、できるだけノーマルに近い生活を提供すること」（ミケルセン）とか、「障害者の日常生活を、できるだけ社会の主流となっている規範や形態に近づけること」（ニイリエ）というように表現されていました。[※15]この場合、ノーマルとは「社会の主流となっている生活」で、それよりも低い位置にいる障がい者の生活をノーマルに近づけるというニュアンスが感じられますが、その後次第に、「障害のある人もない人も、社会の一員としてお互いに尊重し、支え合いながら、共に生活する社会こそがあたりまえの社会である」というように、ノーマルの意味と位置が発展してきました。

障がい者スポーツにおいても、当初は、障がい者もその障害（インペアメント）を補って健常者の行っているスポーツを行う、というところから出発しています。そこから始まって、健常者と障がい者が「同じ場で、一緒に」スポーツをする（統合：インテグレーション）ことへと発展しました。ただし、そこでいう「同じ場で、一緒に」の内実をみると、そこには障がい者のスポーツと健常者のスポーツが「同じ場で、時を前後して、あるいは並列して」行われるとか、または、（例えば、マラソンと車椅子マラソンのように）「同じ場で、同時に」行われるが、順位等は別立てで判定される、というような実態もありました。そこでその後、「統合（インクルージョン）」の内実をさらに発展させて、さまざまな種類や程度の障がい者が、さらには健常者も「共に、入り混じって」スポーツを楽しみ合うという方向へ突き詰める方向性をもつものとして、前述した合計持ち点制の車椅子バスケットボールやサウンドテーブルテニスのような、包括的（インクルーシブ）な障がい者スポーツのあり方が模索されてきています。

次に、そのような障がい者スポーツのこれからのあり方を考える一助として、堅田美雄氏の提唱する「非障害者スポーツとしての障害者スポーツ」という考え方を取り上げてみましょう。堅田美雄氏は、障害者スポーツを、障害者が参加する／しただけの「障害者スポーツ1」、障害者が参加すること／実践することによって、オルタナティブ・スポーツとしての質を獲得した「障害者スポーツ2」、ルールの改変や実践形態の変化によって「非障害者スポーツとしての障害者スポーツ」としての質を手に入れた「障害者スポーツ3」という3種に分けて、そのうちの「障害者スポーツ3」を、障害者スポーツとは何かを考えていく中心的可能性をもつものだと述べています[※16—①]。

この「非障害者スポーツとしての障害者スポーツ」は次のように説明されています。

「あるスポーツ種目において、そのスポーツのルールとスポーツ実践の閉域においては、他の世界では『障害』とされるような特徴をもったゲーム参加者が、その特徴のよって来る所以としての『欠損（インペアメント）』に基づく社会的不利益（すなわち障害学的には『障害』）を無意味化されていて、かつ、そのことが関与者のいずれかによって強調され、さらにそのスポーツ種目が自立的展開をしていることがあるが、そのような場合に、そのスポーツ種目を『非障害者スポーツとしての障害者スポーツ』と呼ぶ」[※16—②]

また、堅田氏は、ここでいう「障害者の非障害者化のメカニズム」は多経路的だとしていますが[※16—③]、そうした観点からのルールの改変や実践形態の工夫によって、「全国障害者スポーツ大会」で行われているスポーツ種目のかなりの種目も、「非障害者スポーツとしての障害者スポーツ」となり得ると述べています[※16—④]。

この堅田氏の「障害者スポーツ3」や前述したインクルーシブな障がい者スポーツは、これからの障がい者スポーツのあり方の一つの理念的極地を示しています。ただし、すべてがそうなるべきだと考えることは、現実的に無理がありますし、障がい者スポーツの展開の幅を必ずしも豊かにはしないように思われます。

すべての障がい者が享受できるスポーツにおいては、競技スポーツもあってよい、もっと多様な楽しみ方を求めるスポーツもあってよい、既存のスポーツを障がい者が工夫してやるのもよい、障がい者にアダプテッドしたオルタナティブなスポーツもあってよい、そして真にインクルーシブなスポーツの追求もあってよいというように、〈あれか―これか〉ではなく、〈あれも―これも〉と多重的・多層的に取り組まれる中で、少しずつ、さまざまな実質と未来展望が創りあげられていくことが期待されます。

最後に、障がい者スポーツをいっそう発展させるために、さらに、真に「すべての人が輝くスポーツ・体育」の実現をめざしての、運動（社会的ムーブメント）論的な展望にふれておきたいと思います。

第一に、広範な障がい者自身やそれに関わるさまざまな組織・団体の人々に、障がい者スポーツに触れてもらい、障がい者がスポーツを楽しめること、その楽しさ、意味と価値等々についての理解を広げることが必要です。芝田氏は、１９８６年の前掲書の中で、ある障害者に競技への参加をすすめたところ、「俺をサラシモノにする気か！」と強い抵抗を受けた経験をあげ、それは、「スポーツの仕方を知らない」ことからの不安と、障害者差別からの屈折した状態が、複雑にからみあった結果だと述べていました。[※17―①]

また、障がい者のスポーツ大会に関して、養護学校や障害児者の団体の間に意見の対立があること、すなわち、軽度障害児者の場合にはこれらの大会に「積極的に参加させたい」とし、その反対の場合には「そのようなものは検討の余地もない」との立場に立つ（さらには、これらの大会を軽視・無視もしくは敵視さえされる）傾向があると述べていました。[※17―②] こうした状況は、今日も障がい者がスポーツをする妨げになっているように思います。

第二に、健常者自身のスポーツの豊かな展開との連携です。今日のわが国のスポーツをめぐる情況を見ると、特に「みんなのスポーツ」について、スポーツ要求は高まっている（やりたい人は増えている）が、実際にやれている人は減ってきています。受益者負担の原則の強調の下で、スポーツ予算が減額され、公共スポーツ施設の新設・維持・管理・運営の面では民間委託や指定管理者制度などが拡がり、その結果利用料金が値上げされるなど、情況はむしろ後退しています。こうした情況が改善され、「みんなのスポーツ」が旺盛に展開されることと、障がい者スポーツが豊かに展開されることとが、手を取り合って連携して進んでいくことが求められます。

第三に、特別支援学校におけるさまざまな体育の教材づくりや行事づくりの実践への着目です。ここでは、子どもたちすべてが心から楽しめるようにと、既成のスポーツをアレンジしたり作り変えたり、新しい楽しみ方の質を生み出したり、さまざまな模索が行われています。そして、この中で作り出されたスポーツの楽しみ方がきっかけになって、障害者スポーツとして行われるようになった種目もたくさんあります。

また、学校体育の中でも同様の模索が行われています。例えば、〈お話マット・歌声マット・音楽マット〉と名づけられた器械運動教材が学級全体での作品づくりとして取り組まれています。これは、既成の体操競技や新体操競技などを文化的素材としていますが、運動の苦手な子や肥満の子、発達障害をもった子などを含むクラスの子全員で創りあげる、集団創作表現文化としての新しい質をもっています。また、それを応用したお話水泳なども取り組まれています。そして、これら学校体育の中で工夫されたスポーツの新しい楽しみ方もまた、障がい者スポーツの新しい種目となる可能性をもっています。

ただし、これらの中で創りだされた素敵なスポーツの楽しみ方は、特別支援教育や学校体育の中でだけでなく、学校の外また学校卒業後の生活の中でも実践される情況が一般化していく必要があります。そうでないと、せっかくの模索や工夫が、学校教育（特別支援教育も含む）の中だけでの工夫にすぎず、そこでだけ通用する「ニセモノのスポーツ」だということになってしまうからです。

以上、障がい者のスポーツと、健常者のみんなのスポーツと、学校（特別支援を含む）体育・スポーツとが、ともに手を取り合って、三位一体で連携して進んでいくことが求められます。

最後に、課題はまだまだ山積していますが、本書で紹介されているさまざまな実践がさらに発展的に旺盛に展開されることと、そして願わくは、２０２０年の東京オリンピック・パラリンピックにおいて、開会・閉会式のいずれかだけでも合同で行われること、また、幾つかの種目の競技が一緒に実施されることを願って、本稿を閉じたいと思います。

【註および文献】

(1) アイヒベルク「新たな身体のうねり―身体文化の三元論と民衆のスポーツ」『現代スポーツ評論』1、創文企画、１９９９、１３６-１４７頁。
(2) 高津勝「スポーツ文化の雑種性―21世紀の希望」学校体育研究同志会『運動文化研究』19、２００１、3-15頁。
(3) 難波真理、齊藤まゆみ「障がい者スポーツの歴史と展望」『現代スポーツ評論』29、２０１３、１３１頁。
(4) 芝田徳造『スポーツは生きる力』民衆社、１９８６、１８５頁。
(5) 芝田徳造、前掲書、１８５頁。
(6) 本稿では、本文の中では障がい・障がい者というようにかな混じりで表現していますが、引用文や団体名などの場合にはそのまま障害としました。また、例えばその人が負っている生体の機能的・構造的欠損を意味する場合には、渡正氏の用法に倣って障害（インペアメント）と表現しています。『障害者スポーツの臨界点―車椅子バスケットボールの日常的実践から』新評論、２０１２、29頁。
(7) 堅田美雄「〈障害者スポーツ〉の可能性―「非障害者スポーツとしての障害者スポーツ」は、障害の未来をどう開くのか」『現代スポーツ評論』29、創文企画、２０１３、47頁。
(8) 渡正：前掲書、①29頁、②１７８頁、③２１０頁、④１７２頁、⑤２２０頁、⑥１７７頁、⑦２２０-２２１頁、⑧２１３頁、⑨２１１-２１２頁、⑩２７６-２７８頁。
(9) 堅田義雄：前掲書、43、48頁。
(10) 樋口聡：「多面体としてのスポーツ」『現代スポーツ評論』20、２００９、70頁。
(11) 高津勝：前掲書、13-15頁。
(12) 澤江幸則：「知的障害のある人にとっての運動・スポーツの意味」『現代スポーツ評論』29、２０１３、84-85頁。
(13) 芝田徳造：前掲書、１８５-１８６頁。
(14) 藤田紀昭：『障害者スポーツの世界』角川学芸出版、２００８、26-27頁。
(15) 藤田紀昭：前掲書、32頁。
(16) 堅田義雄：前掲書、①39-42頁、②42頁、③46-47頁、④43頁。
(17) 芝田徳造：前掲書、①１８７頁、②２０１頁。

あとがき

この世の中で、最も〝輝いている〟人たちの表情を見れば、この「本」の値打ちがわかるという、すばらしい「本」をみなさんにお届けすることができますことを、みなさんとともに喜びたいと思います。

「スポーツ」はすばらしいものだ！ということはわかって、少年時代から〝スポーツ〟にうち込んできた私が、いや、「スポーツ」はこんなにも〝すばらしいもの〟なのだ！　ということを再認識させていただいたのが「本書」です。

本書の一葉、一葉の「写真」を見れば、そしてそこで「スポーツ」をしている時の一人ひとりの表情をみれば、「スポーツ」という〝文化〟には、〝生きている〟ことの喜びを感じさせる中身があるのだ！ということがよくわかります。そういうことに確信をもって取り組んでこられた方々によって、これまでの、各地における取り組みを丁寧に紹介していただき、本当にすばらしい「本」をつくってくださったことに、まずお礼を申し上げたいと思います。

また、本書の編者、一人ひとりが〝人類が創り出した素晴らしい財産〟である「スポーツ」のすばらしさを体感されており、この「スポーツ」のすばらしさを、〝障害〟のある、なし、に関わらず、すべての人々が体験して、「目」を、「表情」を、輝かせてほしい！と願って取り組んでこられた思いを、このような形で実現できることを、ともに喜び合いたいと思います。

「オリンピック」と「パラリンピック」という〝壁〟を越えてという「本書」の〝副題〟で願っているように、「競技大会」の〝開き方〟はもちろんのこと、〝すべての人の目を輝かせる〟ことができる〝人類の遺産〟の「スポーツ」を〝みんなのもの〟にして、〝すべての人々〟の「人生」を豊かなものにしたい！　という願いが、各地で花開くことを楽しみにしております。そのような各地におけるさまざまな「取り組み」を、ぜひ編者にお寄せくださるようお願いいたします。

本来、「本書」における私の役目は、もしかすれば、故「熨斗　謙一」さんが果たすべきところだったかもしれません。熨斗さんは〝京都〞の大学を卒業して上京され、縁があって、「日本体育大学」に勤務され、私が所長を仰せつかった「体育研究所」の所員として、〝障害児〞の体育の研究分野を担当してくれました。研究の無理が原因で、残念ながら早く亡くなられてしまいました。芝田徳造先生や加藤徹さんたちと「全国障害児体育研究連絡協議会」を立ち上げて、その事務局の仕事も懸命にやってくれていました。きっと、本書の刊行を一番喜んでくれていると思います。

私は、本書が、一貫して「スポーツを楽しむ」という内容であることに敬意を表し、さらに「ともに楽しめるスポーツ」を創造し、そして「すべての国民」が〝楽しめる〞ような「スポーツ」を追求し、創造し、発展させようという「共通の願い」を実現させる〝国民的スポーツ運動〞が各地に広がることを、それらの運動のテキストとして、各地で精力的に学習され、それぞれの成果を編者に報告していただいて、〝研究〞と〝運動〞との輪が大きく広がることを心より願っております。

最後に、本書の刊行に関わられたすべてのみなさまに、心よりお礼申し上げます。

２０１５年１月

正木健雄

●編者プロフィール

芝田徳造（しばた　とくぞう）

1926年京都生まれ。1943年海軍予科練入隊。1953年立命館大学卒。府立洛北高校勤務、1968年立命館大学教授・学部長を経て立命館大学名誉教授。京都障害者スポーツ振興会会長、全国障害児体育研究連絡協議会会長、日本身体障害者陸上競技連盟会長などを歴任。秩父宮賞、社会福祉賞、関西スポーツ賞、京都府知事賞など多数受賞。著書『スポーツは生きる力』『障害児の体育指導』『障害者とスポーツ』など。障害者スポーツ振興・発展に力を注ぎ日本の障害者スポーツの先駆的役割を果たしている。

正木健雄（まさき　たけお）

1930年和歌山県生まれ。1958年東京大学大学院博士課程満期退学。東京理科大教授、日本体育大学教授、同体育研究所所長などを経て日本体育大学名誉教授。日本子どもを守る会会長、子どものからだと心・連絡会議顧問、数多くの学会等でも活躍。主な著書『子どもの体力』『からだづくりと保育』『希望の体育学』など数多く、ほかに著書・論文・学会発表などで、常に子どものからだ・体育に関わる幅広い調査・問題解決における日本の第1人者として、現在も精力的に活躍中。

久保健（くぼ　たけし）

1950年栃木県生まれ。東京教育大学大学院卒。東北福祉大学、宮城教育大学を経て現日本体育大学教授。著書『からだ育てと運動文化』『からだであそぼう』『からだを生きる』体育の教材作り・授業作りについて「からだと文化」をキーワードに幅広く実践・研究に携わり活躍中。

加藤　徹（かとう　とおる）itkit2279@nexyzbb.ne.jp

1947年秋田県生まれ。東京教育大学卒、1973年から2008年まで都立養護学校4校勤務。その後も多くの学校で研究会講師などつとめている。現在、東京国際福祉専門学校講師、全国障害児体育研究連絡協議会・前会長。著書に『やったー、もっともっと楽しい体育つくろう』（杉並けやき出版）、『それは車イスのなわとびから始まった』（同）、『子どもは希望子どもは未来』（同）、共著に『からだ・体育授業づくり』（かもがわ出版）。

[写真提供]

第1章・第3章……執筆者および所属団体・加藤徹
提言・章扉・第2章・第4章
……京都障害者スポーツ振興会・公益財団法人 京都市障害者スポーツ協会
カバー写真……上記の提供写真よりセレクト

すべての人が輝く、みんなのスポーツを
オリンピック・パラリンピックの壁を越えて

2015年1月31日　初版発行

編者　ⓒ芝田徳造・正木健雄
久保　健・加藤　徹

発行者　田島英二　taji@creates-k.co.jp
発行所　株式会社クリエイツかもがわ
〒601-8382　京都市南区吉祥院石原上川原町21
電話 075(661) 5741　FAX 075 (693) 6605
郵便振替　00990-7-150584
ホームページ　http：//www.creates-k.co.jp

印刷所――T-PLUS／為国印刷株式会社

ISBN978-4-86342-153-0 C0036
Printed in Japan

好評既刊

あたし研究　自閉症スペクトラム～小道モコの場合　1800円
あたし研究2　自閉症スペクトラム～小道モコの場合　2000円
小道モコ／文・絵

自閉症スペクトラムの当事者が「ありのままにその人らしく生きられる」社会を願って語りだす——知れば知るほど私の世界はおもしろいし、理解と工夫ヒトツでのびのびと自分らしく歩いていける！

10刷

2刷

発達障害の子どもと育つ　**海ちゃんの天気 今日は晴れ**
マンガ／山岡小麦　原案／大和久勝

海（かい）ちゃんから学んだこと—子どもの成長を決めつけてはいけない。発達障害とは「発達上のアンバランス」であり、それは障害というより「特性や個性」として見ていくということ。

1500円

うわわ手帳と私のアスペルガー症候群　10歳の少女が綴る感性豊かな世界　6刷
高橋紗都・高橋尚美／著　大阪発達支援センターぽぽろ／協力

10歳の少女が自分の言葉でありのままを表現し、お母さんが家族の歩みを語る。いつ、どこで、どんな「うわわ」が出るのかを知ることで、アスペルガー症候群の子どもの世界が見えてくる——

1800円

発達障害者の就労支援ハンドブック　付録：DVD
ゲイル・ホーキンズ／著　森由美子／訳

長年の就労支援を通じて92％の成功を収めている経験と実績の支援マニュアル！　就労支援関係者の必読、必携ハンドブック！「指導のための4つの柱」にもとづき、「就労の道具箱10」で学び、大きなイメージ評価と具体的な方法で就労に結びつける！

3200円

アスペルガー症候群　思春期からの性と恋愛
ジェリー・ニューポート　メアリー・ニューポート／著　ニキ・リンコ／訳

自閉症／アスペルガー症候群の当事者夫婦が、歯に衣着せずに教えてくれる——

清潔や外見の初歩的なことから、男女交際、恋愛、セックス、避妊、感染症、性犯罪まで、自らの経験からの実用的なアドバイスが満載！

2200円

青年・成人期 自閉症の発達保障　ライフステージを見通した支援
新見俊昌・藤本文朗・別府哲／編著

壮絶な強度行動障害とたたかいながら、絵から粘土の世界へと発達を続ける感動の記録と、就労保障、高機能自閉症の発達と支援のポイント、医療、自閉症研究の到達点と課題を明らかに。

2000円

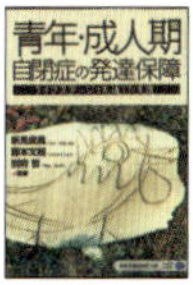

◉ふわふわボールを使ったからだづくり
チャレンジ！　ファシリテーション・ボール・メソッド（FBM）
こころと身体のボディワーク基礎と実践　FBM研究会／編

FBMは、空気量を調整した柔らかいファシリテーション・ボール（FB）を媒介にしたボディワーク。FBの特徴、重力の負荷が軽減されることを利用して、触圧、揺れ、振動などの刺激と同時に、抗重力活動、バランス、姿勢の保持・静止・変換・移動、手指操作などを個々に応じてプログラム。自発的な動作を引き出します。
フルカラー　2300円

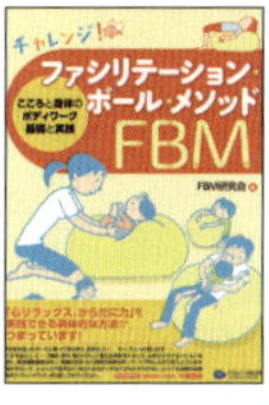

価格は本体で表示。

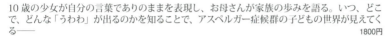

好評既刊

障害のある子どもの教育目標・教育評価　重症児を中心に

三木裕和、越野和之、障害児教育の教育目標・教育評価研究会編著

障害児教育分野での教育目標・教育評価のトレンド「客観性」「測定可能性」「成果」を、研究者と実践家が様々な角度から鋭く論考。　2000円

思春期をともに生きる　中学校支援学級の仲間たち

加藤由紀著　越野和之／大阪教育文化センター編

同じ“ワケあり”の仲間の中で、お互いの強みも苦手も了解しあい、“自分”を見出す子どもたち。その自信を支えに、それぞれの課題に向き合っていく。　2000円

合理的配慮とICFの活用　インクルーシブ教育実現への射程

西村修一著

合理的配慮は、障害のある子どもが、障害のない子どもとともに学ぶインクルーシブ教育実現のキーワード。合理的配慮を見出す有効なアセスメントツールとしてのICFの考え方、具体的方法を著者作成のチェックリストと実践事例で解説する。　1800円

生きることが光になる　重症児者福祉と入所施設の将来を考える

國森康弘／日浦美智江／中村隆一／大塚晃／社会福祉法人びわこ学園編著

いのちや存在そのもの、教育、発達保障、人権、地域生活支援・システムの視点から重症児者支援の展望を探る。療育の歴史を振り返り、入所施設・機能の今後の展開、新たな重症児者支援のあり方を考える。　2000円

奇跡がくれた宝物　いのちの授業

2刷

小沢浩編著

重度の障害のある子どもたちやその家族とのかかわりのなかで小児科医師である著者が、母校の子どもたちに語った「いのち」とは。子どもたちに伝えたかった「いのち」。子どもたちから受け取った「いのち」。

みんなでつくりあげた「いのちの授業」の記録。　1700円

成人脳性マヒ　ライフ・ノート　脳性マヒの二次障害実態調査報告［CD-ROM付き］

万歳登茂子／脳性マヒの二次障害実態調査実行委員会編著

当事者と医療者が共同して福祉、労働、医療を発展させるための手立てを！　症状・疾患、生活習慣病なども含めた生活面重視の対策の必要性の高まりに即して、障害のある人の健康状態と日常生活・労働環境・医療などの現状と実態を捉える。　2000円

福祉事業型「専攻科」エコールKOBEの挑戦

岡本正・河南勝・渡部昭男編著

障害のある青年も「ゆっくりじっくり学びたい、学ばせたい」願いを実現した学びの場「専攻科」、ゆたかな人格的発達をめざす先駆的な実践。高等部卒業後、就職か福祉就労の２つしかなかった世界で生まれた、新たな「学びの場」＝「進学」という第３の選択肢のモデル的な取り組み。　2000円

知的障害のある人たちの性と生の支援ハンドブック

ミッシェル マッカーシー／ディビット トンプソン著　木全和巳訳

法律、自慰、月経、恋愛、虐待などのテーマごとに、おさえておきたい基本的な支援の理論と実践を紹介。性の健康モデル・性の人権モデル・行動変容モデルの3つの組み合わせで構成。知的障害のある人たちの人生において、性と生を肯定的に意味づける。　2000円

価格は本体表示。